- Desatero přikázání -

BOŽÍ ZÁKON

Dr. Jaerock Lee

*„Milujete-li mne,
budete zachovávat má přikázání."*

(Jan 14:15)

Boží zákon: Dr. Jaerock Lee
Vydavatelství Urim Books (Zástupce: Sungnam Vin)
73, Yeouidaebang-ro 22-gil, Dongjak-gu, Seoul Korea
www.urimbooks.com

Tato kniha ani žádná její část se bez předchozího písemného povolení vydavatele nesmí žádným způsobem množit, ukládat do vyhledávacího systému nebo jakoukoliv formou či jakýmkoliv způsobem rozšiřovat, ať už elektronicky, mechanicky, fotokopírováním, nahráváním nebo jinak.

Pokud není uvedeno jinak, všechny citace z Písma pocházejí z Bible svaté, ČESKÉHO EKUMENICKÉHO PŘEKLADU, ®, Copyright © 1995 vydaného Českou biblickou společností. Použito s povolením.

Copyright © 2020 Dr. Jaerock Lee
ISBN: 979-11-263-0512-4 03230
Copyright překladu © 2015 Dr. Esther K. Chung. Použito s povolením.

Předtím vydáno v roce 2007 v korejštině vydavatelstvím Urim Books

První vydání Dubna 2020

Úpravy: Dr. Geumsun Vin
Vnější úprava: Vydavatelství Urim Books
Tisk: Tiskařství Prione
Více informací získáte na: urimbook@hotmail.com

Proslov

Během své služby jsem už dostal mnoho otázek typu: „Kde je Bůh?" nebo „Ukažte mi Boha" nebo „Jak se mohu setkat s Bohem?" Lidé se ptají na takové otázky, protože nevědí, jak se setkat s Bohem. Ale způsob, jak se setkat s Bohem, je mnohem prostší, než si myslíme. S Bohem se můžeme setkat jednoduše tím, že se naučíme jeho přikázání a dodržujeme je. Nicméně ačkoliv si mnoho lidí tuto skutečnost uvědomuje ve své hlavě, selhávají v zachovávání přikázání, protože nerozumějí skutečnému duchovnímu významu zachycenému v každém přikázání, které bylo zjeveno v důsledku hluboké Otcovy lásky k nám.

Zrovna jako jednotlivec potřebuje náležité vzdělání, aby byl připraven čelit společnosti, Boží dítě potřebuje náležité vzdělání, aby bylo připraveno čelit nebi. A tady přicházejí na řadu Boží zákony. Božím zákonům, nebo Božímu desateru přikázání, by se mělo vyučovat každé nové Boží dítě a měly by se uplatňovat v životě každého křesťana. *Boží zákon* jsou přikázání, která pro nás Bůh vytvořil jako cestu, jak se k němu dostat blíže, získávat od něj odpovědi a být s ním. Jinými slovy, naučit se *Boží zákon* je naší vstupenkou k setkání s Bohem.

Okolo roku 1 446 před Kristem, zrovna potom, co Izraelité opustili Egypt, je Bůh chtěl zavést do země oplývající mlékem a medem, jinak známé jako Kenaan. Aby k tomu mohlo dojít, museli Izraelité porozumět Boží vůli a rovněž potřebovali vědět, co skutečně znamená stát se Božími dětmi. Proto Bůh s láskou vytesal do dvou kamenných desek desatero přikázání, která stručně shrnují všechny jeho zákony (Exodus 24:12). Potom dal tyto desky Mojžíšovi, aby mohl vyučovat Izraelity o tom, jak se dostat tam, kde je Bůh chce mít, tedy přesně do jeho přítomnosti, a to tím, že je bude učit povinnostem Božích dětí.

Asi před třiceti lety, potom, co jsem se setkal s živým Bohem, jsem se začal učit a zachovávat jeho zákony, zatímco jsem chodil do církve a vyhledával každé probuzení, které jsem našel. Počínaje tím, že jsem se vzdal kouření a pití, jsem se začal učit, jak zachovávat Hospodinův svatý den odpočinku, dávat věrně desátky, modlit se atd. Do malého zápisníku jsem si začal zaznamenávat hříchy, kterých jsem se nedokázal hned zbavit. Potom jsem se modlil a postil, žádal Boha o to, aby mi pomohl zachovávat jeho nařízení. Požehnání, kterého se mi v důsledku toho dostalo, bylo úžasné!

Za prvé, Bůh požehnal naší rodině fyzicky, takže nikdo z nás nikdy neonemocněl. Potom nám velmi požehnal po finanční stránce, takže jsme se mohli svobodně zaměřit na pomoc potřebným. A nakonec na mě vylil mnoho duchovního požehnání, takže nyní mohu vést světovou službu zaměřenou na evangelizaci a misii po celé zeměkouli.

Pokud se učíte Božím přikázáním a zachováváte je, tak se vám nejenom bude dařit ve všech oblastech vašeho života, ale budete rovněž zakoušet slávu zářivou jako slunce, jakmile jednou vejdete do jeho věčného království.

Tato kniha s názvem *Boží zákon* je shrnutím série kázání založených na Božím slově a inspirací ohledně „Desatera přikázání", které jsem obdržel, zatímco jsem se postil a modlil krátce potom, co jsem započal svou službu. Prostřednictvím těchto poselství porozumělo mnoho věřících Boží lásce, začali žít svůj život v poslušnosti Božím přikázáním a začalo se jim dařit po duchovní stránce a vůbec ve všech oblastech jejich života. Kromě toho, mnoho věřících mělo zkušenost s tím, že dostali odpověď na každou modlitbu. A co je nejdůležitější, všichni začali mít větší naději v nebe.

A tak, pokud poznáte duchovní význam desatera přikázání, o kterých se pojednává v této knize, porozumíte hluboké lásce Boha, který nám dal desatero přikázání, a rozhodnete se žít v poslušnosti jeho přikázáním, mohu vám zaručit, že se vám od Pána dostane neuvěřitelného požehnání. V Deuteronomiu 28:1-2 se říká, že vám bude vždy požehnáno: „*Jestliže budeš opravdově poslouchat Hospodina, svého Boha, a bedlivě dodržovat všechny jeho příkazy, které ti dnes udílím, vyvýší tě Hospodin, tvůj Bůh, nad všechny pronárody země. A spočinou na tobě všechna tato požehnání, když budeš poslouchat Hospodina, svého Boha."*

Rád bych poděkoval Geumsun Vin, ředitelce redakční kanceláře Urim Books, a všem jejím pracovníkům za jejich nesrovnatelnou oddanost a neocenitelný přínos k vytvoření této knihy. Rovněž se ve jménu našeho Pána Ježíše Krista modlím, aby všichni, kdo narazí na tuto knihu, snadno porozuměli Božím zákonům a zachovávali Boží přikázání, aby se stali milovanějšími a tedy požehnanějšími Božími dětmi!

Jaerock Lee

Úvod

Vzdáváme veškerou slávu Bohu Otci za to, že nám umožnil do této knihy s názvem *Boží zákon* shromáždit studii desatera přikázání, která v sobě obsahuje Boží srdce a vůli.

První kapitola, „Boží láska obsažená v desateru přikázání", přináší čtenáři nezbytné informace o původu desatera přikázání. Odpovídá na otázku: „Co přesně je desatero přikázání?" Tato kapitola rovněž vysvětluje, že Bůh nám dal desatero přikázání, protože nás miluje a chce nám požehnat. A tak, zachováváme-li každé přikázání s mocí Boží lásky, můžeme obdržet veškeré požehnání, které pro nás má schované.

V kapitole „První přikázání" se dozvídáme, že když někdo miluje Boha, dokáže snadno zachovávat jeho přikázání. Tato kapitola rovněž projednává otázku, proč nám jako první přikázání Bůh nařizuje, abychom neměli žádného jiného boha mimo něj.

„Druhé přikázání" vyzdvihuje důležitost toho, abychom nikdy neuctívali falešné modly – nebo v duchovním slova smyslu – měli cokoliv, co budeme milovat více než Boha. Zde se také učíme o duchovních následcích toho, když uctíváme falešné modly a když ne, a o zvláštním požehnání a prokletí, které v důsledku toho přicházejí do našich životů.

Kapitola s názvem „Třetí přikázání" vysvětluje, co to znamená zneužít Boží jméno a co by člověk měl udělat, aby se tomu vyhnul.

V kapitole „Čtvrté přikázání" se dozvídáme o pravém významu „dne odpočinku" a proč se den odpočinku s přesunutím ze Starého zákona do Nového zákona změnil ze soboty na neděli. Tato kapitola rovněž přesně vysvětluje, jak by měl člověk dodržovat Hospodinův svatý den odpočinku, a to především třemi různými způsoby. Také se zde popisují podmínky, za kterých se mohou použít výjimky k tomuto přikázání – kdy jsou práce a obchodní transakce v den odpočinku povoleny.

„Páté přikázání" dopodrobna vysvětluje, jak by člověk měl ctít své rodiče zbožným způsobem. Rovněž se dozvídáme o tom, co to znamená ctít Boha, který je Otcem našeho ducha, a jakého požehnání se nám dostane, když v Boží pravdě ctíme jeho i své fyzické rodiče.

Kapitola s názvem „Šesté přikázání" se skládá ze dvou částí: první část se zaměřuje na hřích dopuštění se fyzické vraždy a druhá část obsahuje duchovní vysvětlení dopuštění se hříchu vraždy uvnitř srdce člověka, kterého se mnozí věřící dopouštějí, ale zřídka si to uvědomují.

„Sedmé přikázání" přezkoumává hřích fyzického spáchání cizoložství a hřích spáchání cizoložství v srdci nebo mysli člověka, což je ve skutečnosti z těchto dvou hříchů děsivější. Tato kapitola také rozebírá duchovní význam spáchání tohoto hříchu a proces modlitby a půstu, kterým může člověk odhodit tento hřích za pomoci Ducha svatého a díky Boží milosti a moci.

„Osmé přikázání" popisuje fyzickou definici krádeže a

duchovní definici krádeže. Tato kapitola také konkrétně vysvětluje, jak se člověk může dopustit hříchu okrádání Boha tím, že nedává desátky a dary nebo dokonce tím, že špatně zachází s Božím slovem.

„Deváté přikázání" se zabývá třemi různými druhy vydávání falešného svědectví nebo lhaní. Tato kapitola rovněž poukazuje na to, jak může člověk vyrvat kořeny klamu ze svého srdce, když ho namísto toho naplní pravdou.

„Desáté přikázání" rozebírá příklady, kdy hřešíme v důsledku toho, že zatoužíme po něčem, co je našeho bližního. Také se zde dozvídáme, že pravé požehnání je, když se dobře daří naší duši, protože daří-li se dobře naší duši, dostane se nám požehnání v podobě toho, že se nám daří ve všech oblastech našeho života.

A konečně v poslední kapitole, „Zákon setrvání v Bohu", se zároveň s tím, jak studujeme službu Ježíše Krista, který naplnil Zákon láskou, učíme, že abychom naplnili Boží slovo, musíme mít lásku. Také se dozvídáme o takové lásce, která přesahuje i spravedlnost.

Mám velikou naději, že vám tento text pomůže jasně porozumět duchovnímu významu desatera přikázání. Kéž se budete zároveň s tím, jak budete zachovávat Hospodinova přikázání, vždy nacházet v zářivé Boží přítomnosti. Kéž se, zatímco budete naplňovat Boží zákony, dostanete ve svém duchovním životě do bodu, kdy vám Bůh odpoví na všechny vaše modlitby a jeho požehnání dopadne na všechny oblasti vašeho života. Takto se modlím ve jménu našeho Pána Ježíše Krista!

Geumsun Vin
Ředitelka vydavatelství

Obsah

Proslov
Úvod

Kapitola 1
Boží láska obsažená v desateru přikázání — 1

Kapitola 2 První přikázání
„Nebudeš mít jiného boha mimo mne" — 11

Kapitola 3 Druhé přikázání
„Nezobrazíš si Boha zpodobením ničeho,
nebudeš se ničemu takovému klanět ani tomu sloužit" — 27

Kapitola 4 Třetí přikázání
„Nezneužiješ jména Hospodina, svého Boha" — 45

Kapitola 5 Čtvrté přikázání
„Dbej na den odpočinku, že ti má být svatý" — 59

Kapitola 6 Páté přikázání
„Cti svého otce i matku" — 77

Kapitola 7 Šesté přikázání
„Nezabiješ" 89

Kapitola 8 Sedmé přikázání
„Nesesmilníš" 103

Kapitola 9 Osmé přikázání
„Nepokradeš" 119

Kapitola 10 Deváté přikázání
„Nevydáš proti svému bližnímu
křivé svědectví" 133

Kapitola 11 Desáté přikázání
„Nebudeš dychtit po domě svého bližního" 147

Kapitola 12
Zákon setrvání v Bohu 161

Kapitola 1

Boží láska obsažená v desateru přikázání

Exodus 20:5-6

„Nebudeš se ničemu takovému klanět ani tomu sloužit. Já jsem Hospodin, tvůj Bůh, Bůh žárlivě milující. Stíhám vinu otců na synech do třetího i čtvrtého pokolení těch, kteří mě nenávidí, ale prokazuji milosrdenství tisícům pokolení těch, kteří mě milují a má přikázání zachovávají."

Před čtyřmi tisíci lety si Bůh vybral Abrahama jako otce víry. Bůh Abrahamovi požehnal a uzavřel s ním smlouvu, ve které mu sliboval takové množství potomků „jako bezpočtu je hvězd na nebi a jako je písku na mořském břehu." A v době, kterou si sám vyvolil, Bůh věrně vytvořil izraelský národ prostřednictvím dvanácti synů Abrahamova vnuka Jákoba. Pod Božím zaopatřením se Jákob a jeho synové přestěhovali do Egypta, aby se vyhnuli hladomoru a žili zde po dobu 400 let. To všechno byla součást Božího láskyplného plánu ochránit je před invazí nežidovských národů, dokud se nerozrostou ve větší a silnější národ.

Jákobova rodina se rozrostla ze sedmdesáti lidí – když se prve přestěhovali do Egypta – do množství dostatečně velkého, aby vytvořili jeden národ. A jak tento národ rostl a sílil, Bůh si vyvolil jednoho člověka jménem Mojžíš, aby se stal vůdcem Izraelitů. Potom Bůh vedl tento lid do zaslíbené kenaanské země, země oplývající mlékem a medem.

Desatero přikázání byla láskyplná slova, která dal Bůh Izraelitům, zatímco je vedl do této zaslíbené země.

Aby mohli Izraelité vstoupit do požehnané kenaanské země, museli splnit dva předpoklady: museli mít víru v Boha a museli poslouchat Boha. Nicméně, bez pevně stanovené normy jejich víry a poslušnosti by Izraelci nepochopili, co opravdu znamená mít víru a být poslušný. To je důvod, proč jim Bůh dal

prostřednictvím jejich vůdce Mojžíše desatero přikázání.
Desatero přikázání je seznam pravidel, která stanovují normu, kterou se mají lidské bytosti řídit. Bůh je ale autokraticky nenutil tato přikázání dodržovat. Až poté, co projevil svou zázračnou moc a nechal je tuto moc zakusit – seslání deseti ran na Egypt, rozdělení Rudého moře, proměnění hořké vody z Mary ve sladkou, nakrmení Izraelitů manou a křepelkami – jim dal desatero přikázání, aby se jím řídili.

Nejdůležitější informací zde je to, že každé Boží slovo, včetně desatera přikázání, nebylo určeno pouze Izraelitům, ale všem lidem, kteří v něho věří dnes, jako zkratka k získání Boží lásky a požehnání.

Srdce Boha, který vydal přikázání

Při výchově dětí rodiče vyučují své děti bezpočtu pravidlům jako: „Když přijdeš z venku, musíš si umýt ruce" nebo „Když jdeš spát, přikryj se dekou" nebo „Nikdy nepřecházej ulici, když chodcům svítí červená."
Rodiče nebombardují své děti všemi těmito pravidly, aby jim ztrpčovali život. Učí své děti všem těmto pravidlům, protože své děti milují. Jde o přirozenou touhu rodičů ochránit své děti před nemocemi a před nebezpečími, udržet je v bezpečí a pomoci jim po celý jejich život pokojně žít. Ze stejného důvodu dal Bůh nám, svým dětem, desatero přikázání: protože nás miluje.

V Exodu 15:26 Bůh říká: „*Jestliže opravdu budeš poslouchat Hospodina, svého Boha, dělat, co je v jeho očích správné, naslouchat jeho přikázáním a dbát na všechna jeho nařízení, nepostihnu tě žádnou nemocí, kterou jsem postihl Egypt. Neboť já jsem Hospodin, já tě uzdravuji.*"

V Leviticu 26:3-5 říká: „*Jestliže se budete řídit mými nařízeními, dbát na má přikázání a plnit je, dám vám ve vhodném čase vydatné deště, země vydá svůj výnos a stromoví na poli ponese ovoce. Výmlat bude trvat až do vinobraní a vinobraní zas až do setby. Najíte se svého pokrmu dosyta a budete sídlit ve své zemi bezpečně.*"

Bůh nám dal přikázání, abychom věděli, jak se s ním setkat, jak získat jeho požehnání a odpovědi na naše modlitby a konec konců abychom žili své životy v pokoji a s radostí.

Dalším důvodem, proč musíme zachovávat Boží zákony, včetně desatera přikázání, je kvůli spravedlivým zákonům duchovního světa. Zrovna jako má každý národ své vlastní zákony, Boží království má duchovní zákony, které zřídil Bůh. Ačkoliv Bůh stvořil vesmír a je Stvořitelem, který má absolutní vládu nad životem, smrtí, prokletím a požehnáním, není despota. To je důvod, proč i když je Stvořitelem zákonů, on sám se striktně těmito zákony řídí.

Zrovna jako my dodržujeme zákony země, jejímiž jsme občany, tak pokud jsme přijali Ježíše Krista jako svého Spasitele a stali se Božími dětmi a tudíž občany jeho království, potom bychom se měli správně řídit zákony Boha a jeho království.

V 1 Královské 2:3 je napsáno: *„Dbej na to, co ti svěřil Hospodin, tvůj Bůh: Choď po jeho cestách a dodržuj jeho nařízení a přikázání, jeho práva a svědectví, jak jsou zapsána v zákoně Mojžíšově, a tak budeš mít úspěch ve všem, co budeš konat, ať se obrátíš kamkoli."*

Dodržovat Boží zákony znamená zachovávat slova Boha, včetně desatera přikázání, která jsou zaznamenána v Bibli. Když se budete řídit těmito zákony, můžete získat Boží ochranu a požehnání a bude se vám dařit, kamkoli půjdete.

Na druhou stranu, když budete porušovat Boží zákony, nepřítel satan má právo vznést proti vám obvinění a ztrpčit vám život, takže vás Bůh nebude moci ochránit. Porušovat Boží nařízení znamená hřešit, a tudíž se stát otrokem hříchu a satana, který vás nakonec povede do pekla.

Bůh nám chce požehnat

A tak hlavní důvod, proč nám Bůh dal desatero přikázání, je ten, že nás miluje a chce nám požehnat. Chce nejenom to, abychom zakusili věčné požehnání v nebi, ale chce rovněž, aby se nám dostalo jeho požehnání na zemi a dařilo se nám také v čemkoliv, co budeme dělat zde. Když si uvědomíme tuto Boží lásku, nemůžeme jinak než být vděční Bohu za to, že nám dal přikázání a s radostí jeho nařízení dodržovat.

Můžeme vidět, že se děti, jakmile si opravdu uvědomí, jak hodně je jejich rodiče milují, usilovně snaží své rodiče poslouchat. Třebaže se jim to vždy nedaří a občas své rodiče neposlechnou, přičemž následuje trest, tak protože rozumějí, že jejich rodiče jednají z lásky, dokážou říct: „Mami / tati, budu se příště snažit být lepší" a s láskou běží do náruče svých rodičů. S tím, jak rostou a hlouběji chápou lásku svých rodičů a jejich zájem o ně, řídí se děti vyučováním svých rodičů, aby jim udělaly radost.

Opravdová láska rodičů spočívá v tom, co těmto dětem dává moc poslouchat. Je to stejné, jako když se my řídíme veškerými Božími slovy, která jsou zaznamenána v Bibli. Lidé udělají vše, co je v jejich silách, aby dodržovali tato přikázání, jakmile jednou porozumí tomu, že Bůh nás miloval natolik, že poslal svého jediného Syna, Ježíše Krista, na tento svět, aby za nás zemřel na kříži.

Ve skutečnosti, čím větší víru máme ve skutečnost, že tento Ježíš Kristus, který byl bez hříchu, na sebe vzal všemožná pronásledování a zemřel na kříži za naše hříchy, tím větší radost máme, když zachováváme tato přikázání.

Požehnání, kterých se nám dostane, když se řídíme jeho přikázáními

Naši praotcové víry, kteří zachovávali každé Boží slovo a žili přísně podle jeho přikázání, obdrželi veliké požehnání a oslavovali Boha Otce celým svým srdcem. Dnes na nás září věčným světlem pravdy, které nikdy nezhasne.

Abraham, Daniel a apoštol Pavel jsou některými z těchto lidí víry. A dokonce i dnes existují lidé víry, kteří pokračují v tom, co dělali tito lidé.

Například, šestnáctý prezident Spojených států, Abraham Lincoln, absolvoval pouze devět měsíců školního vzdělávání, ale kvůli jeho chvályhodnému charakteru a ctnostem ho miluje a uznává mnoho lidí i dnes. Abrahamova matka, Nancy Hanks Lincoln, zemřela, když měl Lincoln pouhých devět let, ale ještě když žila, učila ho, aby si pamatoval krátké verše z Bible a poslouchal Boží přikázání.

Když věděla, že zemře, zavolala si svého syna a zanechala mu tato poslední slova: „Chci, abys miloval Boha a poslouchal jeho přikázání." Potom, co Abraham Lincoln dospěl, stal se známým politikem a změnil historii svým hnutím za zrušení otroctví, měl vždy po svém boku šedesát šest knih Bible. Lidem jako Lincoln, kteří zůstávají blízko Bohu a řídí se jeho slovy, Bůh vždy projevuje důkaz své lásky.

Nebylo to tak dlouho potom, co jsem založil naši církev,

když jsem navštívil pár, který žil v manželství již mnoho let, ale nemohl mít děti. Vedený Duchem svatým jsem vedl uctívání a žehnal jsem páru. Potom jsem vznesl prosbu. Žádal jsem je, aby dodržovali den odpočinku uctíváním a chválením Boha každou neděli, dávali desátky a zachovávali desatero přikázání.

Tento pár nových věřících začal navštěvovat každou neděli bohoslužbu a dávat desátky podle Božích nařízení. V důsledku toho se jim dostalo požehnání v podobě dětí a narodily se jim zdravé děti. A nejenom to, zakusili i velké požehnání v podobě financí. Nyní manžel slouží v církvi jako starší a celá rodina se angažuje v oblasti pomoci potřebným a v oblasti evangelizace.

Držet se Božích nařízení je jako držet lampu v naprosté tmě. Když máme jasnou lampu, nemusíme si dělat starosti, že zakopneme o něco ve tmě. Podobně, když je s námi Bůh, který je světlem, chrání nás za všech okolností a my se můžeme těšit z požehnání a autority, které jsou určeny všem Božím dětem.

Klíč k získání všeho, oč požádáte

V 1. Janově listu 3:21-22 se říká: *„Moji milí, jestliže nás srdce neobviňuje, máme svobodný přístup k Bohu; oč bychom ho žádali, dostáváme od něho, protože zachováváme jeho přikázání a činíme, co se mu líbí."*

Není skvělé vědět, že pokud jen zachováváme nařízení zapsaná v Bibli a děláme, co se líbí Bohu, můžeme odvážně Boha požádat o cokoliv a on nám odpoví? Jak šťastný musí být Bůh, když dohlíží na své poslušné děti planoucíma očima a může odpovídat na každou jejich modlitbu podle zákonů duchovního světa!

To je důvod, proč je desatero přikázání jako učebnice lásky, která nás vyučuje nejlepší cestě k získání Božího požehnání během našeho tříbení na této zemi. Přikázání nás učí, jak se můžeme vyhnout pohromám nebo neštěstím a jak můžeme získat požehnání.

Bůh nám nedal přikázání, aby trestal ty, kteří je neposlouchají, ale aby nám umožnil těšit se z věčného požehnání v jeho překrásném nebeském království tím, že budeme jeho přikázání zachovávat (1 Timoteův 2:4). Když začnete vnímat Boží srdce, rozumět mu a žít podle Božích přikázání, můžete obdržet ještě více jeho lásky.

Kromě toho, přitom jak budete studovat každé přikázání do větší hloubky a zcela zachovávat každé přikázání se silou, kterou vám Bůh s láskou dá, mělo by se vám dostat všech požehnání, která od něj chcete dostat.

Kapitola 2
První přikázání

„Nebudeš mít jiného boha mimo mne"

Exodus 20:1-3

Bůh vyhlásil všechna tato přikázání:
„Já jsem Hospodin, tvůj Bůh; já jsem tě vyvedl z egyptské země, z domu otroctví. Nebudeš mít jiného boha mimo mne."

Dvěma lidem, kteří se milují navzájem, stačí k radosti pouze to, že jsou spolu. To je důvod, proč když spolu tráví milenci čas uprostřed zimy, necítí chlad a to je důvod, proč udělají cokoliv, oč je ten druhý požádá bez ohledu na obtížnost úkolu, pokud to toho druhého učiní šťastným. Třebaže se musejí obětovat pro druhého člověka, jsou šťastní, že pro něj mohou něco udělat a jsou šťastní, když vidí radost, která se zračí v jeho tváři.

S naší láskou k Bohu je to podobné. Pokud opravdově milujeme Boha, potom by zachovávání jeho přikázání nemělo být břemenem; spíše by nám mělo přinášet radost.

Desatero přikázání, která by měly Boží děti poslouchat

V dnešní době někteří lidé, kteří sami sebe nazývají věřícími, říkají: „Jak jen můžeme zachovávat všechna přikázání z Božího desatera?" V zásadě říkají, že protože lidé nejsou dokonalí, neexistuje způsob, jak můžeme zcela zachovávat Desatero přikázání. Můžeme se pouze snažit zachovávat všechna přikázání.

Avšak v 1 Janově 5:3 je napsáno: *„V tom je totiž láska k Bohu, že zachováváme jeho přikázání; a jeho přikázání nejsou těžká."* To znamená, že důkazem toho, že milujeme Boha, je naše poslušnost jeho nařízením a jeho nařízení nejsou tak těžká, abychom je nedokázali zachovávat.

Ve starozákonní době lidé museli dodržovat přikázání ze své vlastní vůle a ze svých vlastních sil, ale nyní v novozákonní době obdrží každý, kdo přijme Ježíše Krista jako svého Spasitele, Ducha svatého, který mu pomáhá je zachovávat.

Duch svatý je jedno s Bohem a jako Boží srdce má Duch svatý roli pomáhat Božím dětem. To je důvod, proč se za nás Duch svatý občas přimlouvá, potěšuje nás, vede naše kroky a vylévá na nás Boží lásku, abychom dokázali bojovat proti hříchu až do prolití krve a jednat podle Boží vůle (Skutky 9:31, 20:28; Římanům 5:5, 8:26).

Když získáme tuto sílu od Ducha svatého, dokážeme do hloubky porozumět lásce Boha, který nám dal svého jediného Syna, a potom je snadné dodržovat, co nedokážeme dodržovat ze své vlastní vůle a ze svých vlastních sil. Existují lidé, kteří stále říkají, že je obtížné zachovávat Boží nařízení a ani se nesnaží je zachovávat. A tak pokračují v životě vprostřed hříchu. Tito lidé ve skutečnosti nemilují Boha z hloubi svého srdce.

V 1 Janově 1:6 se říká: *„Říkáme-li, že s ním máme společenství, a přitom chodíme ve tmě, lžeme a nečiníme pravdu"* a v 1 Janově 2:4 se říká: *„Kdo říká: ‚Poznal jsem ho,' a jeho přikázání nezachovává, je lhář a není v něm pravdy."*

Pokud je v někom Boží slovo, které je pravdou a semínkem života, nemůže zhřešit. Bude veden k tomu, aby žil v pravdě.

Takže pokud někdo prohlašuje, že věří v Boha, ale nezachovává jeho přikázání, znamená to, že pravda v něm opravdu není a on před Bohem lže.

Co je tedy potom tím úplně nejpřednějším z těchto přikázání, která musejí Boží děti zachovávat a které dokazuje jejich lásku k němu?

„Nebudeš mít jiného boha mimo mne"

Skryté zájmeno „Ty" se zde vztahuje na Mojžíše, který přímo obdržel desatero přikázání od Boha, na Izraelity, kteří obdrželi přikázání skrze Mojžíše a na všechny Boží děti dnes, které jsou spasené Pánovým jménem. Proč si myslíte, že Bůh nařizuje svému lidu, aby neměli jiného boha mimo něj jako úplně první přikázání?

To proto, že Bůh samotný je pravda, jediný a jedinečný živý Bůh, všemohoucí Stvořitel vesmíru. Rovněž pouze Bůh má nejvyšší vládu nad vesmírem, historií lidstva, životem a smrtí a dává člověku opravdový a věčný život.

Bůh je ten, který nás spasil před naším otroctvím hříchu na tomto světě. To je důvod, proč kromě jednoho jediného Boha nesmíme mít ve svém srdci žádného jiného boha.

Mnoho pošetilých lidí se však od Boha vzdaluje a tráví své

životy uctíváním mnoha falešných model. Někteří uctívají obraz Budhy, který nedokáže ani mrknout, jiní uctívají kameny, další uctívají staré stromy a další se dokonce obracejí k Severnímu pólu a uctívají ho.

Někteří lidé uctívají přírodu a vzývají jména mnoha falešných bohů tím, že uctívají mrtvé lidi. Každá lidská rasa a každý národ má svou vlastní sbírku model. Říká se, že pouze v Japonsku samotném mají tolik model, že mají osm miliónů různých božstev.

Proč si myslíte, že si lidé zhotovují všechny ty falešné modly a uctívají je? To proto, že hledají způsob, který by jim samotným poskytl útěchu, nebo jen zkrátka následují staré zvyky svých předků, které jsou mylné. Také v sobě mohou chovat sobeckou touhu získat více požehnání nebo více štěstí uctíváním mnoha různých bohů.

Avšak jednu věc si musíme ujasnit, a to že kromě Boha Stvořitele nemá žádný jiný bůh moc nám požehnat a sám o sobě nás spasit.

Důkazy skryté v přirozenosti Boha Stvořitele

V Římanům 1:20 je napsáno: *"Jeho věčnou moc a božství, které jsou neviditelné, lze totiž od stvoření světa vidět, když lidé přemýšlejí o jeho díle, takže nemají výmluvu."* Pokud se podíváme na principy vesmíru, vidíme, že existuje svrchovaný Stvořitel a že je pouze jeden jediný Bůh Stvořitel.

Například, když se podíváme na lidské pokolení na této zemi, těla všech lidí mají stejnou strukturu a funkci. Ať je člověk černý nebo bílý a bez ohledu na to, jaké je rasy nebo ze které je země, má dvě oči, dvě uši, jeden nos a jedny ústa. Přitom se vše nachází na přibližně stejném místě jeho tváře. Kromě toho, to stejné platí také pro zvířata.

Sloni jsou zvířata s dlouhým nosem. Ale všimněte si, že i když mají jeden dlouhý nos, mají dvě nozdry. Králíci, s dlouhýma ušima, a draví lvi mají také stejné množství očí, tlam a uší umístěných ve stejné oblasti jako lidé. Bezpočet živých organizmů, jako zvířata, ryby, ptáci a dokonce hmyz, má – kromě zvláštních rysů, které je odlišují jednoho od druhého – stejnou tělesnou strukturu a funkce. To dokazuje, že je zde jeden stvořitel.

Přírodní úkazy rovněž jasně dokazují existenci Boha Stvořitele. Jednou za den udělá Země jednu úplnou otočku kolem své osy, jednou za rok udělá jednu úplnou otočku okolo Slunce, jednou za měsíc se Měsíc otočí a oběhne okolo Země. Díky tomuto obíhání a těmto otáčkám můžeme zakoušet mnoho pravidelně se opakujících přírodních jevů. Máme noc a den a čtyři různá roční období. Máme příliv a odliv a díky teplotním změnám zakoušíme atmosférické proudění.

Umístění a pohyb Země činí tuto planetu dokonalým

přirozeným prostředím pro přežití lidstva a všech ostatních živých organismů. Vzdálenost mezi Sluncem a Zemí by nemohla být bližší ani vzdálenější. Vzdálenost mezi Sluncem a Zemí byla vždy od počátku věků nejdokonalejší a obíhání a otáčení Země okolo Slunce se objevuje po velmi dlouhou dobu bez sebemenší chyby.

Protože vesmír stvořil Bůh a funguje podle Boží moudrosti, tak dochází každý den k mnoha nepředstavitelným věcem, kterým člověk nikdy nebude moci zcela porozumět.

Se všemi těmito jasnými důkazy se nikdo nemůže v poslední den soudu vymlouvat: „Nevěřil jsem, protože jsem nevěděl, že Bůh skutečně existuje."

Jednoho dne sir Isaac Newton požádal zkušeného mechanika, aby sestrojil sofistikovaný model sluneční soustavy. Jeden jeho ateistický přítel ho jednoho dne navštívil a uviděl model sluneční soustavy. Bez velkého rozmýšlení otočil za kliku a stala se úžasná věc. Každá planeta se na modelu začala otáčet okolo slunce různou rychlostí!

Přítel neskrýval svůj úžas a překvapivě řekl: „To je skutečně znamenitý model! Kdo ho vytvořil?" Jak myslíte, že Newton odpověděl? Řekl: „Och, nikdo ho nevytvořil. Dal se dohromady jen náhodou."

Přítel měl pocit, že si z něho Newton utahuje a odsekl: „Co?! Myslíš si, že jsem hlupák? Jak se na světě může jen tak z ničeho nic objevit složitý model jako je tento?"

Na to Newton odpověděl: „Toto je jen zmenšený model skutečné sluneční soustavy. Přeš se, že se ani takový jednoduchý model jako je tento nedá dohromady bez návrháře nebo výrobce. Jak potom vysvětlíš někomu, kdo věří, že skutečná sluneční soustava, která je mnohem komplikovanější a rozlehlejší, vznikla bez stvořitele?"

Toto napsal Newton ve své knize *Philosophiæ Naturalis Principia Mathematica*, což znamená „Matematické principy přírodní filozofie", a která se často nazývá Principia: „Tato nádherná soustava Slunce, planet a komet mohla vyvstat pouze díky úvahám a nadvládě inteligentní a mocné Bytosti. On [Bůh] je věčný a nekonečný."

To je důvod, proč je veliké množství vědců, kteří studují zákony přírody, křesťany. Čím více studují přírodu a vesmír, tím více objevují všemohoucí Boží moc.

Kromě toho, prostřednictvím zázraků a znamení, které se stávají a zjevují věřícím, prostřednictvím Božích služebníků a pracovníků, které Bůh miluje a přiznává se k nim a prostřednictvím historie lidstva, ve které se naplnila proroctví z Bible, nám Bůh zjevuje mnoho důkazů, abychom mohli uvěřit v něho, živého Boha.

Lidé, kteří rozpoznali Boha Stvořitele, aniž by slyšeli evangelium

Pokud se podíváte na historii lidstva, můžete vidět, že lidé s dobrým srdcem, kteří nikdy neslyšeli evangelium, uznávali jediného Boha Stvořitele a snažili se žít ve spravedlnosti. Lidé s nečistým a zmateným srdcem uctívali mnoho různých bohů, aby se pokusili najít útěchu. Na druhou stranu, lidé s přímým a čistým srdcem uctívali a sloužili pouze jedinému Bohu, Stvořiteli, aniž by o něm věděli.

Například, admirál Soon Shin Lee, který žil během dynastie Chosun v Koreji, sloužil své zemi, svému králi a svému lidu celým svým životem. Ctil své rodiče a v průběhu celého svého života se nikdy nepokoušel usilovat o svůj vlastní prospěch, ale spíše se obětoval pro druhé. Ačkoliv nevěděl o Bohu a našem Pánu Ježíši Kristu, neuctíval šamany, démony nebo zlé duchy, ale s dobrým svědomím vzhlížel pouze k nebi a věřil v jednoho stvořitele.

Tito dobří lidé se nikdy neučili Božímu slovu, ale můžete vidět, že se vždy snažili vést své životy v čistotě a v pravdě. Bůh pro takovéto lidi otevřel cestu, aby byli také spaseni, a to skrze něco, co nazýváme „Soud svědomí." To je Boží způsob, jak poskytnout spasení těm lidem ze starozákonní doby nebo lidem v době potom, co přišel Ježíš Kristus, kteří nikdy neměli příležitost slyšet evangelium.

V Římanům 2:14-15 je napsáno: „*Jestliže národy, které nemají zákon, samy od sebe činí to, co zákon žádá, pak jsou samy sobě zákonem, i když zákon nemají. Tím ukazují, že to, co zákon požaduje, mají napsáno ve svém srdci, jak dosvědčuje jejich svědomí, poněvadž jejich myšlenky je jednou obviňují, jednou hájí.*"

Když lidé s dobrým svědomím uslyší evangelium, velmi snadno přijmou Pána do svého srdce. Bůh dovolil těmto duším dočasně pobývat v ‚horním podsvětí', aby pak mohly jít do nebe.

Když život člověka skončí, jeho duch opouští jeho fyzické tělo. Duch dočasně pobývá na místě zvaném „podsvětí". Podsvětí je přechodné místo, kde se učí adaptovat na duchovní svět dříve, než odejde na své místo na věčnost. Toto místo je rozděleno na „horní podsvětí", kde čekají spasení lidé, a na „dolní podsvětí", kde čekají v mukách nespasené duše (Genesis 37:35; Jób 7:9; Numeri 16:33; Lukáš 16).

Ve Skutcích 4:12 se však říká: „*V nikom jiném není spásy; není pod nebem jiného jména, zjeveného lidem, jímž bychom mohli být spaseni.*" A tak, aby zajistil, že duše v horním podsvětí budou mít šanci slyšet evangelium, sestoupil Ježíš do horního podsvětí, aby s nimi evangelium sdílel.

Písmo tuto skutečnost podporuje. V 1. listu Petrově 3:18-19 se říká: „*Vždyť i Kristus dal svůj život jednou provždy za hříchy, spravedlivý za nespravedlivé, aby nás přivedl k Bohu. Byl usmrcen v těle, ale obživen Duchem. Tehdy také přišel vyhlásit zvěst duchům ve vězení.*" Tyto „dobré" duše v horním podsvětí uznaly Ježíše, přijaly evangelium a byly spaseny.

A tak u lidí, kteří žili s dobrým svědomím a věřili v jednoho Stvořitele, ať žili ve starozákonní době nebo nikdy neslyšeli o evangeliu nebo zákonech, Bůh spravedlnosti pohlédl do hloubek jejich srdce a otevřel pro ně dveře spasení.

Proč Bůh přikázal svému lidu, aby nikdy neměl jiného boha mimo něj

Nevěřící lidé občas říkají: „Křesťanství vyžaduje, aby lidé věřili v jediného Boha. Nedělá to toto náboženství příliš nepřizpůsobitelným a výlučným?"

Existují také lidé, kteří se nazývají věřícími, ale spoléhají na čtení z dlaně, čarodějnictví, kouzla a talismany.

Bůh nám konkrétně řekl, abychom v této oblasti nedělali kompromisy. Řekl: „Nebudeš mít jiného boha mimo mne." To znamená, že bychom se nikdy neměli spojovat s falešnými modlami nebo jakýmkoli jiným Božím stvořením a velebit je či blahořečit jim. Ani bychom je neměli jakýmkoli způsobem pokládat za rovné Bohu.

Existuje pouze jeden Stvořitel, který nás stvořil a pouze on nám může žehnat a pouze on nám může dát život. Falešní bohové a modly, které lidé uctívají, jsou konec konců od nepřítele ďábla. Stojí v nepřátelství vůči Bohu.

Nepřítel ďábel se snaží zmást lidi, aby zbloudili od Boha. Uctíváním věcí, které jsou falešné, končí tito lidé uctíváním satana a kráčí přímo ke svému vlastnímu pádu.

To je důvod, proč jsou lidé, kteří prohlašují, že věří v Boha, ale stále uctívají falešné modly ve svém srdci a jsou v poddanství nepřítele ďábla. Z tohoto důvodu stále zakoušejí bolest a žal a trpí nemocemi, slabostmi a souženími.

Bůh je láska a nechce, aby jeho lid uctíval falešné modly a kráčel vstříc věčné smrti. Proto přikázal, abychom neměli jiného boha mimo něj. Uctíváním jeho samotného můžeme získat věčný život a můžeme od něj rovněž obdržet hojné požehnání během svého života na této zemi.

Požehnání musíme získat tím, že budeme věrně spoléhat na Boha samotného

V 1 Paralipomenon 16:26 je napsáno: *„Všechna božstva národů jsou bůžci, ale Hospodin učinil nebe."* Kdyby Bůh nebyl řekl: „Nebudeš mít jiného boha mimo mne," potom by nerozhodní lidé nebo dokonce někteří věřící mohli nevědomky skončit uctíváním falešných model a kráčet vstříc věčné smrti.

Můžeme to vidět v samotné historii Izraelitů. Izraelité se mezi všemi ostatními lidmi učili o jediném a jedinečném Stvořiteli vesmíru a nesčetněkrát zakusili jeho moc. Ale časem se od Boha odklonili a začali uctívat jiné bohy a modly. Mysleli si, že modly pohanů vypadají dobře, a tak začali uctívat tyto modly po boku Boha. V důsledku toho zažili všemožná pokušení, soužení a rány, které jim přivodil nepřítel ďábel a satan. Až poté, co už déle nedokázali vystát bolest a těžkosti, se začali kát a navracet se k Bohu.

Důvod, proč jim Bůh, který je láska, znovu a znovu odpouštěl a zachraňoval je z jejich problémů, byl ten, že je nechtěl vidět, jak zakoušejí věčnou smrt v důsledku uctívání falešných model.

Bůh nám nepřetržitě poskytuje důkaz, že on je Stvořitel, živý Bůh, abychom mohli uctívat jeho, jeho samotného. Vysvobodil nás z hříchu skrze svého jediného Syna, Ježíše Krista, zaslíbil nám věčný život a dal nám naději věčného života v nebi.

Tím, že projevuje zázraky, znamení a divy prostřednictvím svého lidu, prostřednictvím šedesáti šesti knih Bible a historie lidstva nám Bůh pomáhá poznat a věřit, že on je živý Bůh.

Následkem toho musíme věrně uctívat Boha, Stvořitele vesmíru, který má vládu nade vším. Jako jeho děti musíme nést hojné a dobré ovoce díky tomu, že spoléháme výhradně na něho.

Kapitola 3
Druhé přikázání

„Nezobrazíš si Boha zpodobením ničeho, nebudeš se ničemu takovému klanět ani tomu sloužit"

Exodus 20:4-6

„Nezobrazíš si Boha zpodobením ničeho, co je nahoře na nebi, dole na zemi nebo ve vodách pod zemí. Nebudeš se ničemu takovému klanět ani tomu sloužit. Já jsem Hospodin, tvůj Bůh, Bůh žárlivě milující. Stíhám vinu otců na synech do třetího i čtvrtého pokolení těch, kteří mě nenávidí, ale prokazuji milosrdenství tisícům pokolení těch, kteří mě milují a má přikázání zachovávají."

„Pán zemřel na kříži za mě. Jak bych jen mohl zapřít Pána kvůli strachu ze smrti? Raději zemřu desaterou smrtí za Pána, než abych ho zradil a žil sto nebo dokonce tisíc bezvýznamných let. Nemám než jeden závazek. Prosím, pomoz mi překonat moc smrti, abych Pána neuvedl v posměch ušetřením svého vlastního života."

Toto je vyznání reverenda Ki-Chol Chu, který byl umučen potom, co odmítl pokleknout před japonskou svatyní. Jeho příběh lze nalézt v knize *More Than Conquerors: The Story of the Martyrdom of Reverend Ki-Chol Chu* (Více než přemožitelé: Příběh mučednictví reverenda Ki-Chol Chu). Aniž by se krčil ve strachu před meči nebo střelnými zbraněmi, vzdal se reverend Ki-Chol Chu svého života, aby poslechl Boží přikázání neklanět se žádným modlám.

„Nezobrazíš si Boha zpodobením ničeho, nebudeš se ničemu takovému klanět ani tomu sloužit"

Naší povinností coby křesťanů je milovat a uctívat Boha a jedině Boha. To je důvod, proč nám Bůh dal první přikázání: „Nebudeš mít jiného boha mimo mne." A potom, aby přísně zakázal uctívání model, nám dal druhé přikázání: „Nezobrazíš si Boha zpodobením ničeho, nebudeš se ničemu takovému klanět ani tomu sloužit."

Na první pohled si můžete pomyslet, že první přikázání a druhé přikázání jsou stejná. Ale jsou oddělena jako odlišná přikázání, protože mají různé duchovní významy. První přikázání varuje proti polyteismu a říká nám, abychom uctívali a milovali pouze jediného pravého Boha. Druhé přikázání je lekce proti uctívání falešných model a rovněž objasňuje požehnání, kterého se vám dostane, když budete Boha uctívat a milovat. Pojďme se tedy blíže podívat na to, co znamená slovo ,modla'.

Fyzická definice „modly"

Slovo „modla" lze vysvětlit dvěma způsoby; fyzická modla a duchovní modla. Za prvé, ve fyzickém slova smyslu je „modla" „obraz nebo hmotný předmět vytvořený za tím účelem, aby představoval boha, jenž nemá fyzickou podobu, které by se dalo uctívání projevovat."

Jinými slovy, modla může být cokoliv: strom, kámen, obrázek člověka, savec, hmyz, pták, mořský živočich, slunce, měsíc, hvězdy na nebi nebo cokoli vytvořené lidskou představivostí, co je vyrobeno z oceli, stříbra, zlata nebo něčeho jiného, co existuje, k čemu někdo může směřovat své pocty a uctívání.

Avšak modla vytvořená člověkem nemá život, takže vám nemůže ani odpovědět ani vám požehnat. Pokud lidé, kteří byli stvořeni podle Božího obrazu, vytvoří jiný obraz svýma vlastníma rukama a uctívají ho a žádají ho, aby jim požehnal, nezdá se vám to hloupé a směšné?

V Izajáši 46:6-7 se říká: *„Z měšce sypou zlato a na váze odvažují stříbro, najmou si zlatníka, aby jim udělal boha a pak se hrbí a klanějí. Nosí ho na rameni, přenášejí ho, postaví jej na podstavec, a on stojí, ze svého místa se nehne. Úpějí k němu, ale on se jim neozve, z jejich soužení je nezachrání."*
Tento text z Písma se nevztahuje pouze na vytváření model a jejich uctívání, ale také na víru v kouzla proti neštěstí nebo provádění obětních rituálů v podobě klanění se mrtvým. I víra lidí v pověrčivé věci a praktikování čarodějnictví spadají do této kategorie. Lidé si myslí, že talismany odeženou těžkosti a přinesou štěstí, ale to není pravda. Duchovně horliví lidé vidí, že tito temní, zlí duchové jsou ve skutečnosti přitahováni k místům, kde talismany a modly jsou, a nakonec přinášejí pohromy a soužení lidem, kteří je vlastní. Kromě živého Boha neexistuje žádný jiný Bůh, který může lidem přinést opravdové požehnání. Jiní bohové jsou ve skutečnosti zdrojem neštěstí a prokletí.

Proč tedy potom lidé vytvářejí modly a uctívají je? To proto, že lidé mají tendence chtít uspokojit sami sebe věcmi, které mohou fyzicky vidět, vnímat a dotýkat se jich.

Tuto lidskou duši můžeme vidět u Izraelitů, když opustili Egypt. Když volali k Bohu ohledně své bolesti a dřiny ze svého 400 let trvajícího otroctví, Bůh ustanovil Mojžíše jako jejich vůdce pro exodus z Egypta a ukázal jim všemožná znamení a zázraky, aby v něho mohli věřit.

Když je faraón odmítl propustit, Bůh na Egypt seslal deset ran. A když v cestě Izraelitů stálo Rudé moře, Bůh rozdělil moře na dvě poloviny. I potom, co lid zakusil tyto zázraky, tak zatímco byl Mojžíš po dobu čtyřiceti dnů na hoře, kde měl dostat desatero přikázání, začal být netrpělivý a vytvořil si modlu, kterou uctíval. Protože jim Boží služebník Mojžíš sešel z mysli, chtěli si vytvořit něco, co by mohli vidět a uctívat. Vytvořili si zlatého býčka a nazvali ho bohem, který je dovedl tak daleko. Dokonce mu obětovali, pili, jedli a tancovali před ním. Tato událost způsobila, že Izraelité zakusili veliký Boží hněv.

Protože Bůh je duch, lidé ho nemohou vidět svým fyzickým zrakem ani si vytvořit fyzickou postavu, která by ho představovala. To je důvod, proč bychom si nikdy neměli vytvářet modlu a nazývat ji „bohem". A už vůbec bychom ji neměli uctívat.

V knize Deuteronomium 4:23 se říká: „*Dávejte si pozor, abyste nezapomněli na smlouvu Hospodina, svého Boha, kterou s vámi uzavřel, a neudělali si tesanou sochu, zpodobení čehokoli, co ti Hospodin, tvůj Bůh, zakázal.*" Uctívání neživých, bezmocných model namísto Boha, skutečného Stvořitele, způsobí lidem větší škodu než prospěch.

Příklady uctívání model

Někteří věřící se mohou chytit do pasti modloslužby, aniž by o tom věděli. Například se mohou klanět obrazu Ježíše nebo soše panny Marie nebo některých praotců víry.

Veliké množství lidí si nemusí myslet, že jde o modloslužbu, ale jde o formu uctívání model, která se Bohu nelíbí. Zde je dobrý příklad: mnoho lidí nazývá pannu Marii „Svatá matko." Pokud ale studujete Bibli, vidíte, že je to zjevně špatně.

Ježíš byl počat z Ducha svatého, ne ze spermie a vajíčka muže a ženy. Proto nemůžeme nazývat pannu Marii „matkou". Dnešní technologie například umožňuje lékařům umístit sperma muže a vajíčko ženy do špičkového přístroje, který provede umělé oplodnění. To neznamená, že můžeme tento přístroj nazývat „matkou" dítěte zrozeného prostřednictvím tohoto procesu.

Ježíš, který je pravou podstatou Bůh Otec, byl počat z Ducha svatého a narodil se prostřednictvím těla panny Marie, aby mohl přijít na tento svět ve fyzickém těle. To je důvod, proč Ježíš nazývá pannu Marii „ženo" ne „matko" (Jan 2:4 KMS, 19:26). Když je Marie v Bibli zmiňována jako Pánova „matka", je to jen proto, že je to psáno z pohledu učedníků, kteří psali Bibli.

Přímo před smrtí Ježíš řekl Janovi: „Hle, tvá matka!" obracejíce se na Marii. Zde Ježíš žádal Jana, aby se postaral o Marii jako o svou vlastní matku (Jan 19:27). Ježíš vznesl tuto žádost, protože se snažil Marii utěšit. Chápal totiž žal v jejím srdci, protože mu sloužila od chvíle, kdy byl počat z Ducha svatého, až do chvíle kdy dosáhl plné zralosti z Boží moci a stal se na ní nezávislý.

Přesto není správné klanět se soše panny Marie.

Před pár lety, když jsem navštívil nějakou zemi na středovýchodě, pozval mě k sobě jeden vlivný člověk a ukázal mi během naší konverzace zajímavě vypadající koberec. Byl to nesmírně cenný, ručně vyráběný koberec, který se dělal roky. Na něm byl obrázek černého Ježíše. Z tohoto příkladu vidíme, že i obrázek Ježíše je rozporuplný a závislý na tom, jaký umělec nebo sochař ho vytváří. Proto, kdybychom se měli klanět nebo modlit k tomuto obrazu, dopouštěli bychom se modloslužby, což je nepřijatelné.

Co je pokládáno za „modlu" a co ne?

Jednou za čas se najdou takoví, kteří jsou příliš opatrní a argumentují, že „kříž" nalezený v církevních budovách je druhem modly. Kříž však není modlou. Je symbolem evangelia, kterému křesťané věří. Důvodem, proč věřící shlížejí na kříž, je připomenout si svatou Ježíšovu krev, která byla prolita za hříchy lidstva, a milost Boha, který nám dal evangelium. Kříž nemůže být předmětem uctívání ani modlou.

Stejný případ nastává s malbami Ježíše držícího beránka nebo obrazem *Poslední večeře* či jiné sochy, kde chtěl umělec jednoduše vyjádřit své myšlenky. Malba Ježíše držícího beránka ukazuje na to, že je dobrým pastýřem. Umělec tuto malbu nevytvořil, aby se stala předmětem uctívání. Pokud ji však někdo uctívá nebo se jí klaní, stává se modlou.

Jsou případy, kdy lidé říkají: „Během starozákonní doby Mojžíš vytvořil modlu." Mají na mysli událost, kdy Izraelité reptali proti Bohu, takže skončili uštknuti jedovatými hady v poušti. Když jich mnoho zemřelo následkem uštknutí jedovatými hady, Mojžíš zhotovil bronzového hada a připevnil ho na žerď. Ti, kdo poslechli Boží slovo a pohlédli na bronzového hada, žili a ti, kdo nepohlédli na bronzového hada, zemřeli.

Bůh nepověděl Mojžíšovi, aby vytvořil bronzového hada, aby ho lidé mohli uctívat. Chtěl lidem předvést ilustraci Ježíše Krista, který je jednoho dne přijde podle duchovních zákonů spasit z prokletí, pod kterým jsou.

Ti lidé, kteří poslechli Boha a pohlédli na bronzového hada, nezahynuli za své hříchy. Podobně ty duše, které uvěří, že Ježíš Kristus zemřel na kříži za jejich hříchy a přijmou ho za svého Spasitele a Pána, nezahynou kvůli svým hříchům, ale budou mít spíše věčný život.

Ve 2 Královské 18:4 se říká, že zatímco šestnáctý judský král, Chizkijáš, ničil všechny modly v Izraeli: „*Odstranil posvátná návrší, rozbil posvátné sloupy, skácel posvátný kůl, na kusy roztloukl bronzového hada, kterého udělal Mojžíš a jemuž až do oněch dnů Izraelci pálili kadidlo; nazvali jej Nechuštán.*" To lidem znovu připomíná, že i když byl bronzový had vytvořen na Boží příkaz, nikdy se neměl stát předmětem modlářství, protože to nebylo Božím záměrem.

Duchovní význam „modly"

Kromě chápání slova „modla" ve fyzickém slova smyslu bychom mu měli také rozumět v duchovním slova smyslu. Duchovní definice „modloslužby" je „všechno, co někdo miluje více než Boha." Modloslužba není omezena pouze na pokleknutí před obrazem Budhy nebo pokleknutí před zesnulými předky.

Pokud ze své vlastní sobecké touhy milujeme své rodiče, manžela, manželku nebo i své děti více než Boha, v duchovním slova smyslu měníme tyto naše blízké milované v „modly". A jestliže o sobě smýšlíme extrémně vysoko a milujeme se, měníme sami sebe v modly.

Samozřejmě to neznamená, že bychom měli milovat pouze Boha a nikoho jiného. Bůh říká kupříkladu svým dětem, že je jejich povinnost milovat jejich rodiče v pravdě. Také jim nařizuje: „Cti svého otce i matku." Avšak pokud nás láska k našim rodičům dovede až do bodu zbloudění od pravdy, potom milujeme své rodiče více než Boha a tudíž jsme si je přeměnili v „modly."

Ačkoliv naši rodiče dali život našemu fyzickému tělu, tak protože Bůh stvořil spermii a vajíčko neboli semínko života, Bůh je Otcem našeho ducha. Dejme tomu, že někteří nekřesťanští rodiče neschválí, aby jejich dítě chodilo v neděli na bohoslužbu do církve. Pokud jejich dítě, které je křesťanem, nechodí na bohoslužby, aby se zalíbilo svým rodičům, potom toto dítě miluje své rodiče více než Boha. To nejenom zarmoutí Boží srdce, ale také to znamená, že toto dítě opravdově nemiluje ani své rodiče.

Pokud někoho opravdově milujete, budete chtít, aby byl tento člověk spasen a získal věčný život. To je opravdová láska. Takže nejprve a především byste měli dodržovat Hospodinův svatý den odpočinku a potom byste se měli modlit za své rodiče a sdílet s nimi co nejdříve evangelium. Až poté můžete říct, že je opravdu milujete a ctíte.

A platí to také naopak. Jestliže jako rodič opravdu milujete své děti, měli byste nejprve milovat Boha a potom milovat své děti v Boží lásce. Bez ohledu na to, jak drahé vám vaše děti jsou, nemůžete je ochránit od nepřítele ďábla a satana svou vlastní omezenou lidskou mocí. Ani je nemůžete ochránit před náhlými nehodami či vyléčit z nemocí, se kterými si moderní medicína neporadí.

Když ale rodiče uctívají Boha, svěřují své děti do Božích rukou a milují je v Boží lásce, Bůh jejich děti ochrání. Bůh jim pak nejenom dá duchovní a fyzickou sílu, ale požehná jim, takže se jim bude dařit ve všech oblastech jejich života.

Stejný případ nastává, co se týče lásky mezi manželi. Pár, který si není vědom opravdové Boží lásky, se bude navzájem milovat pouze tělesnou láskou. Manželé budou každý zvlášť usilovat o svůj vlastní prospěch, a proto se budou hádat. Časem se jejich vzájemná láska může i změnit.

Nicméně když se pár navzájem miluje v rámci Boží lásky, budou schopni se milovat také duchovní láskou. V takovém případě se pár nebude na sebe navzájem hněvat ani se urážet a nebude se každý v páru snažit uspokojit své vlastní sobecké touhy. Spíše budou sdílet lásku, která je neměnná, pravdivá a překrásná.

Milovat něco nebo někoho více než Boha

Pouze když setrváváme v Boží lásce a milujeme nejprve Boha Otce, dokážeme pak milovat opravdovou láskou i druhé. To je důvod, proč nám Bůh říká: „Nejprve milujte svého Boha" a „Nemějte jiného boha mimo mě." Pokud potom, co toto uslyšíte, řeknete: „Přišel jsem do církve a tam mi řekli, že mám milovat jen Boha a ne rodinné příslušníky," potom do značné míry nesprávně chápete duchovní výklad tohoto Božího přikázání.

Pokud jako věřící porušujete Boží přikázání nebo děláte kompromisy se světem, abyste získali materiální blahobyt, slávu, vědění nebo moc, a tudíž zbloudíte od chození v pravdě, vytváříte si v duchovním slova smyslu pro sebe modlu.

Existují také lidé, kteří nedodržují Hospodinův svatý den odpočinku nebo selhávají v dávání desátků, protože milují majetek více než Boha, a to navzdory faktu, že Bůh zaslibuje požehnat těm, kteří dávají desátky.

Teenageři si častokrát věší ve svém pokoji fotky svých oblíbených zpěváků, herců, sportovců nebo hudebníků nebo si z jejich fotek dělají záložky nebo dokonce nosí jejich fotky na vestách nebo kapsách, aby měli své oblíbené hvězdy blízko svému srdci. Jsou období, kdy tito teenageři milují tyto lidi více než Boha.

Samozřejmě, že můžete mít rádi herce, herečky, sportovce atd., kteří jsou velmi dobří v tom, co dělají a můžete si jich vážit. Pokud však milujete a chováte ve svém srdci věci tohoto světa až do bodu, že se vzdálíte od Boha, Bohu se to nebude líbit. Kromě toho i malé děti, které vylévají celé své srdce určitým hračkám nebo videohrám, mohou také skončit tím, že učiní tyto věci svými „modlami".

Boží žárlivost z lásky

Potom, co nám Bůh dává důrazné přikázání namířené proti

modlářství, říká nám o požehnání pro ty, kteří Boha poslouchají a napomenutí pro ty, kteří ho neposlouchají.

„*Nebudeš se ničemu takovému klanět ani tomu sloužit. Já jsem Hospodin, tvůj Bůh, Bůh žárlivě milující. Stíhám vinu otců na synech do třetího i čtvrtého pokolení těch, kteří mě nenávidí, ale prokazuji milosrdenství tisícům pokolení těch, kteří mě milují a má přikázání zachovávají*" (Exodus 20:5-6).

Když Bůh říká ve verši pátém, že je „žárlivě milující", nemá tím na mysli, že je „žárlivě milující" stejným způsobem, jakým jsou žárlivě milující lidé. To proto, že žárlivost není ve skutečnosti součást Božího charakteru. Bůh používá slovo „žárlivě", aby nám usnadnil pochopit to našimi vlastními, lidskými emocemi. Žárlivost, kterou pociťují lidé, je z těla, je prohnilá, nečistá a zraňuje lidi, kterých se týká.

Pokud se například láska manžela k jeho manželce změní v lásku k jiné ženě a manželka začne pociťovat žárlivost na tuto jinou ženu, stane se náhlá změna, která se v manželce odehraje, děsivou podívanou. Manželku naplní zloba a nenávist. Bude se hádat se svým manželem a oznámí jeho nedostatky všem svým známým a znemožní ho. Občas manželka navštíví tu dotyčnou jinou ženu a pohádá se s ní nebo na svého manžela podá žalobu. V takovém případě, kdy si manželka přeje, aby se jejímu manželovi stalo něco špatného v důsledku její žárlivosti, její žárlivost není žárlivostí z lásky, ale žárlivostí z nenávisti.

Kdyby žena opravdu milovala svého manžela duchovní láskou, tak by se namísto pocitu žárlivosti z těla nejprve podívala sebezpytujícím pohledem na sebe a zeptala by se: „Mám dobrý postoj k Bohu? Opravdu jsem milovala svého manžela a sloužila mu?" A namísto znemožnění svého manžela rozkřikováním jeho nedostatků všem okolo by měla prosit Boha o moudrost, jak ho dostat zpět k tomu, aby jí byl věrný.

Jakou žárlivost tedy cítí Bůh? Když Boha neuctíváme a nežijeme v pravdě, Bůh od nás odvrátí svou tvář, což znamená, že budeme čelit zkouškám, soužením a nemocem. Pokud k tomu dojde, tak protože věřící vědí, že nemoci pocházejí z hříchu (Jan 5:14), budou činit pokání a snažit se znovu hledat Boha.

Jako pastor přicházím do styku se členy církve, kteří toto čas od času zakoušejí. Jeden člen církve může být například úspěšný podnikatel, jehož podnikání zrovna vzkvétá. S výmluvami, že je zaneprázdněnější, ztrácí svoje zaměření a přestává se modlit a konat Boží dílo. Dokonce se dostane do bodu, kdy vynechává bohoslužby a uctívání Boha v neděli.

V důsledku toho odvrací Bůh od tohoto podnikatele svou tvář a podnikání, které tak velmi vzkvétalo, čelí krizi. Až poté si uvědomí svou chybu, že nežil podle Božích přikázání a činí pokání. Bůh je raději, když jeho milované děti na krátko čelí těžké situaci a porozumí jeho vůli, jsou spaseny a kráčí po správné cestě, než aby navždy odpadly.

Kdyby Bůh necítil tuto žárlivost z lásky a namísto toho jen lhostejně pozoroval naše provinění, tak nejenom že selžeme v tom, že si neuvědomíme své chyby, ale naše srdce se stane necitlivým a způsobí, že budeme neustále hřešit, až nakonec spadneme na cestu věčné smrti. Takže žárlivost, kterou Bůh pociťuje, je žárlivost z opravdové lásky. Je to výraz jeho veliké lásky a touhy nás obnovit a vést nás k věčnému životu.

Požehnání a prokletí, která vycházejí z poslušnosti a neposlušnosti druhého přikázání

Bůh je náš Stvořitel a Otec, který obětoval svého jediného Syna, aby mohli být všichni lidé spaseni. On je také Vládce nad životy všech lidí a chce požehnat těm, kdo ho uctívají.

A neuctívat a nemilovat tohoto Boha, ale raději falešné modly, znamená ho nenávidět. A lidem, kteří nenávidí Boha, se dostane jeho odplaty, jak je zapsáno, že děti budou trestány za hříchy svých otců až do třetího i čtvrtého pokolení (Exodus 20:5).

Když se okolo sebe podíváme, snadno uvidíme, že rodinám, které uctívaly modly po generace, se stále dostává odplaty. Lidé z těchto rodin mohou zakoušet zhoubné nebo nevyléčitelné nemoci, znetvoření, mentální retardace, posedlost démonem, sebevraždy, finanční těžkosti nebo všemožné jiné zkoušky. A kdyby tyto pohromy pokračovaly do čtvrté generace, byla by rodina totálně zničená a nenapravitelná.

Proč si myslíte, že Bůh řekl, že bude trestat až do „třetího i čtvrtého pokolení" namísto toho do „čtvrtého pokolení?" Ukazuje to na Boží slitování. Bůh ponechává prostor těm potomkům, kteří činí pokání a hledají ho, ačkoliv jejich předkové mohli uctívat falešné modly a byli nepřátelští vůči Bohu. Tito lidé poskytují Bohu důvod zastavit trestání jejich domácnosti.

Avšak co se týče těch, jejichž předkové byli ve velkém nepřátelství vůči Bohu a dopouštěli se vážné modloslužby, přičemž vršili zlo na zlo, ti budou čelit velkým obtížím, když se budou snažit přijmout Pána. I když přijmou Pána, bude to jako by byli stále připoutáni ke svým předkům duchovním řetězem, takže dokud nedosáhnou duchovního vítězství, budou zakoušet během svého duchovního života mnoho těžkostí. Nepřítel ďábel a satan bude zasahovat, jakýmkoliv způsobem jen bude moci, aby tito lidé ztráceli víru a on je mohl zatáhnout do věčné temnoty s ním.

Nicméně pokud budou potomci činit pokání s pokorným srdcem za hříchy svých předků, zatímco budou hledat Boží milosrdenství, a budou se snažit vyhnat hříšnou přirozenost z nich samotných, potom je Bůh bezpochyby ochrání. A tak na druhou stranu, když lidé milují Boha a dodržují jeho přikázání,

Bůh požehná jejich rodině do tisícího pokolení a umožní jim dosáhnout jeho milosrdenství na věčnost. Když se podíváme na to, jak Bůh říká, že trestá do třetího i čtvrtého pokolení, ale žehná do tisícího pokolení, můžeme jasně vidět Boží lásku k nám.

To ale neznamená, že automaticky získáte hojné požehnání jen proto, že vaši předkové byli skvělými Božími služebníky. Například, Bůh nazval Davida „mužem podle svého srdce" a přislíbil požehnat Davidovým potomkům (1 Královská 6:12). Nicméně se dozvídáme, že ty mezi Davidovými dětmi, které se odvrátily od Boha, nedostaly přislíbené požehnání.

Když se podíváte na letopisy izraelských králů, můžete vidět, že ti králové, kteří uctívali Boha a sloužili mu, obdrželi požehnání, které Bůh Davidovi přislíbil. Pod jejich vedením se jejich národ měl dobře a vzkvétal až do bodu, kdy mu sousední národy projevovaly úctu. Avšak králové, kteří se od Boha odvrátili a hřešili proti němu, zakusili během svého života mnoho těžkostí.

Proto, pouze když člověk miluje Boha a snaží se žít v pravdě, aniž by se poskvrnil modlami, může získat všechna požehnání, která pro něj jeho předkové nashromáždili.
A tak, když z našich životů zavrhneme všechny duchovní a fyzické modly, které se Bohu ošklíví a dáme na první místo Boha, můžeme rovněž získat hojné požehnání, které Bůh zaslibuje všem svým věrným služebníkům a generacím po nich.

Kapitola 4

Třetí přikázání

„Nezneužiješ jména Hospodina, svého Boha"

Exodus 20:7

„Nezneužiješ jména Hospodina, svého Boha. Hospodin nenechá bez trestu toho, kdo by jeho jména zneužíval."

Ze způsobu, jakým zaznamenávali Bibli nebo z ní četli, je snadné vypozorovat, že Izraelité opravdově chovali v srdci Boží slova.

Dříve, než byl vynalezen knihtisk, museli lidé psát Bibli ručně. A pokaždé, když mělo být napsáno slovo „Jehova", pisatel si musel několikrát omýt tělo a dokonce vyměnit pero, se kterým psal, tak velmi bylo Boží jméno svaté. Kdykoli pisatel udělal nějakou chybu, musel celý oddíl vyjmout a vložit namísto něj nově napsaný list. Pokud však došlo k tomu, že bylo chybně napsáno jméno „Jehova", začal kontrolovat všechno úplně od začátku. Rovněž kdysi, když Izraelité četli z Bible, nečetli jméno „Jehova" nahlas. Namísto toho ho četli jako „Adonai", což znamená „Můj Pane", protože pokládali Boží jméno za příliš svaté na to, aby ho četli.

Protože jméno „Jahve" je jméno představující Boha, Izraelité věřili, že zastupuje Boží slavný a svrchovaný charakter. Pro ně jméno symbolizovalo toho Jediného, který je Všemohoucí Stvořitel.

„Nezneužiješ jména Hospodina, svého Boha"

Někteří lidé si ani nepamatují, že je nějaké takové přikázání součástí Desatera. Dokonce i mezi věřícími jsou lidé, kteří nemají

Boží jméno v nejvyšší úctě a často ho zneužijí.

„Zneužít" znamená použít něco špatným nebo nesprávným způsobem. A zneužít Boží jméno znamená použít svaté Boží jméno nesprávným, nesvatým nebo nepravdivým způsobem.

Například, pokud někdo mluví ze své vlastní mysli a tvrdí, že říká Boží slova nebo pokud jedná, jakkoli se mu zachce a tvrdí, že jedná podle Boží vůle, zneužívá Boží jméno. Použití Božího jména k učinění lživé přísahy, utahování si z Božího jména atd., to jsou všechno příklady zneužití Božího jména.

Dalším běžným způsobem, jakým lidé zneužívají Boží jméno, je když ti, kdo ho ani nehledají, čelí úzkostné situaci a rozzlobeně říkají: „Bůh je tak lhostejný!" nebo: „Kdyby byl Bůh opravdu živý, jak by mohl dovolit, aby se to stalo?!"
Jak by nás mohl Bůh nazývat bezhříšnými, pokud my, pouhá stvoření, zneužíváme jméno svého vlastního Stvořitele, Stvořitele, který si zaslouží veškerou slávu a čest? To je důvod, proč musíme Boha ctít a snažit se žít v pravdě neustálým zkoumáním sebe sama s rozvážností, abychom zajistili, že nebudeme dávat před Bohem najevo neomalenost nebo neúctu.

Proč je tedy zneužívání Božího jména hříchem?

Nejprve ze všeho, zneužívání Božího jména je znamení, že v něho nevěříme.

Dokonce i mezi filozofy, kteří prohlašují, že studují význam života a existence vesmíru, jsou filozofové, kteří říkají: „Bůh je mrtvý." A někteří obyčejní lidé dokonce lehkomyslně říkají: „Bůh neexistuje."

Jednou jeden ruský kosmonaut řekl: „Dostal jsem se dál do vesmíru a Boha jsem nikde neviděl." Jako kosmonaut by měl lépe než kdo jiný vědět, že prostor, který zkoumal, je jen maličká část rozlehlého vesmíru. Jak pošetilý je kosmonaut, když řekne, že Bůh, Stvořitel celého vesmíru, neexistuje pouze proto, že ho neviděl na vlastní oči v relativně nevýznamné části prostoru, který navštívil!

V Žalmu 53:2 čteme: *„Bloud si v srdci říká: ‚Bůh tu není.' Všichni kazí a bezprávně kdeco zohavují, nikdo nic dobrého neudělá."* Člověk, který pohlíží na vesmír s pokorným srdcem, může objevit nesčetné důkazy ukazující na Boha Stvořitele (Římanům 1:20).

Bůh dal každému šanci v něj uvěřit. Před Ježíšem Kristem, ve starozákonní době, se Bůh dotýkal srdce dobrých lidí, takže mohli vnímat živého Boha. Po Ježíši Kristu, nyní, v novozákonní době, Bůh pokračuje v tom, že klepe na dveře lidských srdcí mnoha různými způsoby, aby ho lidé mohli poznat.

To je důvod, proč dobří lidé otevírají svá srdce, přijímají Ježíše Krista a jsou spaseni bez ohledu na to, jak slyšeli evangelium. Bůh umožňuje těm, kdo ho horlivě hledají, aby zakusili jeho přítomnost prostřednictvím silného dojmu na svém srdci během modlitby, prostřednictvím vidění nebo duchovních snů.

Jednou jsem slyšel svědectví jednoho z našich členů církve a nemohl jsem si pomoct než být naprosto ohromen. Jednou v noci vešla matka této ženy, která zemřela na rakovinu žaludku, do jejího snu a řekla jí: „Kdybych se setkala s Dr. Jaerockem Lee, starším pastorem církve Manmin Central Church, byla bych bývala uzdravena." Tato žena již byla s církví Manmin Central Church obeznámena, ale díky této zkušenosti se celá její rodina zaregistrovala v církvi a její jediný syn byl uzdraven z epilepsie.

Stále však existují lidé, kteří pokračují v popírání Boží existence navzdory skutečnosti, že Bůh poukazuje na svou existenci mnoha způsoby. To proto, že jejich srdce jsou špatná a pošetilá. Pokud tito lidé pokračují v zatvrzování svého srdce vůči Bohu, mluví o něm lehkomyslně, aniž by v něho věřili, jak je může nazývat bezhříšnými?

Bůh, který sečetl i všechny vlasy na naší hlavě, sleduje každý náš čin svýma planoucíma očima. Kdyby lidé věřili této skutečnosti, v žádném případě by nikdy nezneužili Boží jméno. U některých lidí se může zdát, že věří, ale protože nevěří z hloubi svého srdce, mohou zneužít Boží jméno. A to se před Bohem stává hříchem.

Za druhé, zneužívání Božího jména znamená pohrdat Bohem.

Pokud pohrdáme Bohem, potom to znamená, že ho nemáme v úctě. Pokud si troufáme nemít v úctě Boha, Stvořitele, nemůžeme říct, že jsme bez hříchu.

Žalm 96:4 říká: „*Neboť veliký je Hospodin, nejvyšší chvály hodný, budí bázeň, je nad všechny bohy.*" V 1 Timoteovi 6:16 se říká: „*On [Bůh] jediný je nesmrtelný a přebývá v nepřístupném světle; jeho nikdo z lidí neviděl a nemůže uvidět. Jemu patří čest a věčná moc. Amen.*"

V Exodu 33:20 čteme: „*Dále pravil: ,Nemůžeš spatřit mou tvář, neboť člověk mě nesmí spatřit, má-li zůstat naživu.'*" Bůh Stvořitel je tak veliký a mocný, že my, pouhá stvoření, na něj nemůžeme hledět bez úcty, kdykoli se nám zlíbí.

To je důvod, proč se v dávných dobách lidé s dobrým svědomím, třebaže neznali Boha, zmiňovali o nebi se slovy respektu. Například v Koreji lidé používali zdvořilostní formu, když mluvili o nebi nebo o počasí, aby projevili úctu ke Stvořiteli. Nemuseli znát Pána Boha, ale věděli, že všemohoucí Stvořitel vesmíru jim seslal věci, které potřebují, jako např. déšť, z nebe nahoře. A tak mu chtěli projevit svými slovy úctu.

Většina lidí používá slova, která projevují úctu a nezneužívají jména svých rodičů nebo lidí, kterých si z celého srdce váží. A tak, pokud mluvíme o Bohu Stvořiteli vesmíru a Dárci života, neměli bychom se o něm zmiňovat s tím nejsvatějším postojem a se slovy nejvyšší úcty?

Naneštěstí dnes existují lidé, kteří se nazývají věřícími, přesto neprojevují úctu Bohu ani sami neberou jeho jméno vážně. Například používají Boží jméno a přitom si dělají legraci nebo citují slova z Bible lehkomyslným způsobem. Protože Bible říká: „*To Slovo byl Bůh*," (Jan 1:1) tak pokud si nevážíme slov v Bibli, je to jako nevážit si Boha.

Jiný způsob znevažování Boha je lhaní jeho jménem. Příkladem toho je, když člověk mluví o něčem, co vyvolala jeho vlastní mysl a říká: „Toto je Boží hlas" nebo: „Toto je něco, co vede Duch svatý." Pokud pokládáme používání jména staršího člověka nevhodným způsobem za neslušné a nezdvořilé, o co víc bychom pak měli být obezřetní, co se týče používání Božího jména tímto způsobem?

Všemohoucí Bůh zná srdce a myšlenky všeho živého stvoření jako dlaň své vlastní ruky. A ví, zda je každá jejich činnost motivována zlem nebo dobrem. Bůh s planoucíma očima sleduje život každého člověka a bude každého soudit podle jeho skutků. Pokud tomu člověk opravdově věří, zajisté nezneužije Božího jména ani se nedopustí hříchu spočívajícího v tom, že se k němu bude chovat nestoudně.

Další věc, kterou bychom měli mít na paměti, je to, že lidé, kteří opravdově milují Boha, by neměli být obezřetní pouze v případě, kdy používají Boží jméno, ale rovněž při zacházení se všemi věcmi, které se k Bohu vztahují. Lidé, kteří opravdově milují Boha, také zacházejí s církevní budovou a majetkem církve ještě opatrněji než se svým. A jsou velmi opatrní, když zacházejí s penězi, které patří církvi, bez ohledu na to, o jak malý obnos se jedná.

Pokud náhodou rozbijete v církevní budově hrníček, zrcadlo nebo okno, budete předstírat, že se to nestalo a zapomenete na to? Bez ohledu na to, o jak malé věci jde, věci speciálně oddělené pro Boha a službu Bohu by se nikdy neměly opomíjet ani se s nimi špatně zacházet.

Musíme být také opatrní, abychom nesoudili nebo nebagatelizovali Božího člověka nebo událost, kterou vede Duch svatý, protože jsou přímo spojené s Bohem.

Ačkoliv Saul udělal Davidovi mnoho zlého a byl pro něj velikou hrozbou, David šetřil Saulův život až do konce, a to z jediného důvodu, že Saul byl králem pomazaným Bohem (1 Samuelova 26:23). Podobně člověk, který miluje Boha a má ho v úctě, bude velmi opatrný při zacházení s čímkoliv, co je spojené s Bohem.

Za třetí, zneužívání Božího jména znamená lhát jeho jménem.

Pokud se podíváte do Starého zákona, zjistíte, že jsou součástí historie Izraele falešní proroci. Tito falešní proroci zmátli lidi tím, že jim podávali informace, o kterých prohlašovali, že jsou od Boha, ale ve skutečnosti nebyly.

V Deuteronomiu 18:20 Bůh přísně varuje před lidmi, jako jsou tito. Říká: „*Avšak prorok, který by opovážlivě mluvil mým jménem něco, co jsem mu mluvit nepřikázal, nebo který by mluvil jménem jiných bohů, takový prorok zemře.*" Pokud někdo lže a používá k tomu Boží jméno, trestem za jeho čin je smrt.

Ve Zjevení 21:8 se říká: „*Avšak zbabělci, nevěrní, nečistí, vrahové, cizoložníci, zaklínači, modláři a všichni lháři najdou svůj úděl v jezeře, kde hoří oheň a síra. To je ta druhá smrt.*"

Pokud existuje druhá smrt, znamená to, že existuje i první smrt. Ta se vztahuje na lidi umírající na tomto světě, aniž by uvěřili v Boha. Tito lidé půjdou do dolního podsvětí, kde se jim dostane bolestivého trestu za jejich hříchy. Na druhou stranu, ti kdo jsou spaseni, budou potom, co se setkají s Pánem Ježíšem Kristem v oblacích při jeho druhém příchodu, vládnout na této zemi jako králové tisíc let během tisíciletého království.

Po tisíciletém království nastane soud u velkého bílého trůnu, kde budou souzeni všichni lidé a dostane se jim podle jejich skutků buď duchovní odměny nebo potrestání. V té době budou také ty duše, které nebyly spaseny, vzkříšeny, aby čelily tomuto soudu a každá, podle váhy svých hříchů, vejde buď do hořícího jezera nebo do jezera, kde hoří síra. To je to, co je známé jako druhá smrt.

Bible říká, že všichni lháři zakusí druhou smrt. Tím se mají na mysli ti, kdo lžou a používají k tomu Boží jméno. Není to omezeno pouze na falešné proroky, ale také na všechny lidi, kteří přísahají Božím jménem a poruší přísahu, protože je to stejné jako lhát jeho jménem a tudíž zneužít jeho jméno. V Leviticu 19:12 Bůh říká: „*Nebudete křivě přísahat v mém jménu, sice znesvětíš jméno svého Boha. Já jsem Hospodin.*"

Existují však věřící, kteří občas lžou a používají k tomu Boží jméno. Například mohou říct: „Zatímco jsem se modlil, slyšel jsem hlas Ducha svatého. Věřím, že to bylo Boží působení," ačkoliv s tím Bůh neměl nic společného. Nebo mohou vidět, že se něco děje a třebaže to není jisté, řeknou: „To učinil Bůh." Pokud je to opravdu Boží působení, je to v pořádku, ale pokud to není působení Ducha svatého a říkají jen ze zvyku, že je, nastane problém.

Samozřejmě, že jako Boží děti bychom vždy měli naslouchat hlasu Ducha svatého a nechat se jím vést. Ale je důležité vědět, že jen proto, že jste Boží dítě, neznamená to, že můžete vždy slyšet hlas Ducha svatého. O co více je člověk schopen se očistit od hříchů a naplnit se pravdou, o to jasněji bude moci slyšet hlas Ducha svatého. A tak, pokud člověk nežije v pravdě a uzavírá kompromisy se světem, nemůže jasně slyšet hlas Ducha svatého.

Pokud je někdo plný nepravdy a nespoutaně a okázale označuje výplody svého tělesného myšlení jako působení Ducha svatého, nelže pouze před ostatními lidmi, lže také před Bohem. Dokonce, i když opravdu slyší hlas Ducha svatého, tak dokud neslyší jeho hlas na 100 procent, měl by vyvinout úsilí k tomu, aby byl rozvážný. Proto se musíme zdržet toho, že budeme lehkomyslně něco nazývat působením Ducha svatého a také naslouchat takovýmto tvrzením s velikou opatrností.

Stejné pravidlo se vztahuje na sny, vidění a jiné duchovní zkušenosti. Některé sny jsou od Boha, ale některé sny se mohou objevit jako důsledek velmi silných tužeb nebo starostí jedince. Další sny mohou být dokonce prací satana, takže by nikdo neměl vyskakovat s tvrzením: „Tento sen byl od Boha," protože to před Bohem bude nepatřičné.

Jsou chvíle, kdy lidé obviňují Boha za trápení nebo těžkosti, které ve skutečnosti způsobil satan v důsledku jejich vlastních hříchů. A jsou chvíle, kdy lidé lehkomyslně ze zvyku přisuzují věcem Boží jméno. Když se zdá, že se věci ubírají dobrým směrem, říkají: „Bůh mi žehná." Později, když přijdou těžkosti, říkají: „Ach, Bůh mi zavřel dveře." Někteří lidé mohou vydávat svědectví víry, ale je důležité vědět, že je veliký rozdíl mezi svědectvím, které je z pravdivého srdce a svědectvím z prostořekého a vychloubačného srdce.

Přísloví 3:6 říká: „*Poznávej ho na všech svých cestách, on sám napřímí tvé stezky.*" To ale neznamená, že máme vždycky všechno označit Božím svatým jménem. Spíše se ten, kdo poznává Boha na všech svých cestách, pokusí žít vždycky v pravdě a být opatrnější, co se týče používání Božího jména. A když ho použije, učiní tak s věrným a rozvážným srdcem.

Proto, pokud se nechceme dopustit hříchu zneužití Božího jména, měli bychom usilovat o to, abychom dnem a nocí hloubali v modlitbách nad jeho Slovem a byli naplněni Duchem svatým. Pouze když toto děláme, můžeme jasně slyšet hlas Ducha svatého a jednat ve spravedlnosti podle toho, jak nás povede.

Vždy se ho bojte, buďte pokládáni za ušlechtilé

Bůh je přesný a úzkostlivě pečlivý. A tak každičké slovo, které používá v Bibli, je správné a vhodné. Když se podíváte, jak oslovuje věřící, můžete vidět, že Bůh používá přesně ta správná slova pro danou situaci. Například nazývat někoho „Bratře" a nazývat někoho „Můj milovaný" si v sobě nese zcela odlišné zabarvení a význam. Občas Bůh oslovuje lidi jako „Otcové" nebo „Mládenci" nebo „Děti" atd., přičemž používá patřičná slova, která si v sobě nesou přesně tu správnou definici, v závislosti na míře víry oslovených (1 Korintským 1:10; 1 Janův 2:12-13, 3:21-22).

To samé se vztahuje na jména Svaté trojice. U Trojice vidíme používat nejrůznější jména: „Hospodin Bůh, Jehova, Bůh Otec, Mesiáš, Pán Ježíš, Ježíš Kristus, Beránek, Duch Páně, Duch Boží, Svatý Duch, Duch svatosti, Duch svatý, Duch (Genesis 2:4; 1 Paralipomenon 28:12; Žalm 104:30; Jan 1:41; Římanům 1:4). Obzvláště v Novém zákoně, předtím, než na sebe vzal Ježíš Kristus kříž, je nazýván: „Ježíš, Učitel, Syn člověka," ale potom, co zemřel a byl vzkříšen, je nazýván: „Ježíš Kristus, Pán Ježíš Kristus, Ježíš Kristus Nazaretský" (1 Timoteovi 6:14; Skutky 3:6).

Předtím, než byl ukřižován, ještě nedokončil své poslání Spasitele, a tak byl nazýván „Ježíš", což znamená: „On vysvobodí svůj lid z jeho hříchů" (Matouš 1:21). Ale potom, co dokončil své poslání, byl nazýván „Kristus", což si v sobě nese význam „Spasitel".

Bůh, který je dokonalý, chce, abychom i my byli bezchybní a dokonalí ve svých slovech a ve svých skutcích. Proto, kdykoli vyslovujeme svaté Boží jméno, musíme ho vyjádřit tím bezchybněji. To je důvod, proč Bůh říká ve druhé části 1 Samuelovy 2:30: *„Ty, kdo mě ctí, poctím, ale ti, kdo mnou pohrdají, budou zlehčeni."*

Takže, pokud opravdu pohlížíme na Boha s velikou úctou z hloubi svého srdce, nikdy neuděláme chybu spočívající ve zneužití jeho jména a budeme před ním mít za všech okolností bázeň. A tak se modlím, abyste byli vždy bdělí na modlitbách a střežili svá srdce, takže budete životem, který vedete, vzdávat slávu Bohu.

Kapitola 5
Čtvrté přikázání

„Dbej na den odpočinku, že ti má být svatý"

Exodus 20:8-11

„Pamatuj na den odpočinku, že ti má být svatý. Šest dní budeš pracovat a dělat všechnu svou práci. Ale sedmý den je den odpočinutí Hospodina, tvého Boha. Nebudeš dělat žádnou práci ani ty ani tvůj syn a tvá dcera ani tvůj otrok a tvá otrokyně ani tvé dobytče ani tvůj host, který žije v tvých branách. V šesti dnech učinil Hospodin nebe i zemi, moře a všechno, co je v nich, a sedmého dne odpočinul. Proto požehnal Hospodin den odpočinku a oddělil jej jako svatý."

Pokud jste přijali Krista a stali se Božím dítětem, první věc, kterou musíte udělat, je uctívat Boha každou neděli a dávat celé desátky. To proto, že dávání celého desátku a dávání finančních darů prostřednictvím sbírek ukazuje na vaši víru v Boží autoritu nad všemi fyzickými a materiálními věcmi a dodržování svatého dne odpočinku ukazuje na vaši víru v Boží autoritu nad všemi duchovními věcmi (Viz Ezechiel 20:11-12).

Když jednáte s vírou uznávající Boží duchovní a fyzickou autoritu, obdržíte Boží ochranu před neštěstími, pokušeními a těžkostmi. Dávání desátků bude podrobněji rozebráno v 8. kapitole, a tak se tato kapitola zaměří konkrétně na dodržování svatého dne odpočinku.

Proč se neděle stala dnem odpočinku

Den oddechu zasvěcený Bohu se nazývá den „odpočinku". Má svůj původ v tom, že když Bůh, Stvořitel, učinil vesmír a člověka v šesti dnech, sedmý den odpočíval (Genesis 2:1-3). Bůh tento den požehnal a učinil ho svatým, v tento den by měl odpočívat také člověk.

Ve starozákonní době byla dnem odpočinku vlastně sobota. A stále i dnes Židé dodržují jako den odpočinku sobotu. Se vstupem do novozákonní doby se dnem odpočinku stala neděle a my jsme začali tento den nazývat „Hospodinův den." Jan 1:17 říká:

"*Neboť Zákon byl dán skrze Mojžíše, milost a pravda se stala skrze Ježíše Krista.*" A Matouš 12:8 říká: "*Vždyť Syn člověka je pánem nad sobotou.*" A to odráží přesně to, co se stalo.

Proč se tedy den odpočinku změnil ze soboty na neděli? To proto, že den, kdy mohou mít všichni lidé opravdový odpočinek skrze Ježíše Krista, je neděle.

Kvůli neposlušnosti prvního člověka, Adama, se stalo veškeré lidstvo otroky hříchu a nemělo opravdový den odpočinku. Člověk mohl jíst pouze v potu své tváře a musel trpět a zakoušet slzy žalu, nemoci a smrti. To je důvod, proč Ježíš přišel na tento svět v lidském těle a byl ukřižován, aby zaplatil za všechny hříchy lidstva. Zemřel a třetího dne znovu vstal, porazil smrt a stal se prvotinou vzkříšení.

A tak Ježíš vyřešil problém hříchu a dal celému lidstvu opravdový den odpočinku, za časného rozbřesku v neděli, první den po sobotě. Z tohoto důvodu se v novozákonní době stala neděle – den, kdy Ježíš Kristus dokončil cestu spasení pro celé lidstvo – dnem odpočinku.

Ježíš Kristus, Pán nad sobotou

Pánovi učedníci rovněž ustanovili neděli za den odpočinku, protože pochopili duchovní význam tohoto dne. Ve Skutcích

20:7 čteme: „*První den v týdnu jsme se sešli k lámání chleba*" a v 1 Korintským 16:2 čteme: „*V první den týdne nechť každý z vás dá stranou, co může postrádat, aby sbírka nezačala teprve tehdy, až k vám přijdu.*"

Bůh věděl, že dojde ke změně dne odpočinku, a tak na to narážel ve Starém zákoně, když řekl Mojžíšovi: „*Mluv k Izraelcům a řekni jim: ,Až přijdete do země, kterou vám dávám, a budete sklízet obilí, přinesete snopek jako prvotiny své žně knězi. Podáváním nabídne snopek Hospodinu, aby ve vás našel zalíbení; druhého dne po dni odpočinku jej nabídne kněz podáváním. V den, kdy za vás bude nabízet váš snopek podáváním, připravíte Hospodinu k zápalné oběti ročního beránka bez vady'*" (Leviticus 23:10-12).

Bůh pověděl Izraelitům, že jakmile vejdou do kenaanské země, budou obětovat své první sklizené obilí druhého dne po dni odpočinku. Prvotina žně z obilí symbolizuje Pána, který se stal prvotinou vzkříšení. A roční beránek bez vady rovněž symbolizuje Ježíše Krista, beránka Božího.

Tyto verše ukazují, že v neděli, druhý den po sobotě, dává Ježíš, který se stal pokojnou obětí a prvotinou vzkříšení, vzkříšení a opravdový odpočinek všem, kteří v něho věří.

Z tohoto důvodu se neděle, den kdy byl vzkříšen Ježíš Kristus, stala dnem opravdové radosti a díkůvzdání; dnem, kdy byl počat nový život a otevřena cesta k věčnému životu; a dnem, kdy se konečně mohl konat opravdový den odpočinku.

„Dbej na den odpočinku, že ti má být svatý"

Proč tedy Bůh učinil den odpočinku svatým a proč říká svému lidu, aby mu byl svatý? To proto, že ačkoliv žijeme ve světě řízeném tělem, Bůh chtěl, abychom pamatovali také na věci duchovního světa. Chtěl zajistit, abychom neměli naději výhradně v pomíjivé věci tohoto světa. Chtěl, abychom pamatovali na Pána a Stvořitele vesmíru a měli naději v pravý a věčný odpočinek v jeho království.

Verše 9-10 ve 20. kapitole knihy Exodus říkají: *„Šest dní budeš pracovat a dělat všechnu svou práci. Ale sedmý den je den odpočinutí Hospodina, tvého Boha. Nebudeš dělat žádnou práci ani ty ani tvůj syn a tvá dcera ani tvůj otrok a tvá otrokyně ani tvé dobytče ani tvůj host, který žije v tvých branách."* To znamená, že nikdo by neměl pracovat v den odpočinku. To zahrnuje tebe, tvé služebníky, tvá zvířata a jakéhokoli návštěvníka ve tvém domě.

To je důvod, proč není ortodoxním Židům v den odpočinku dovoleno připravovat jídlo, stěhovat těžké předměty nebo cestovat na velkou vzdálenost. To proto, že všechny tyto aktivity jsou pokládány za práci a tudíž nejsou v souladu s pravidly sabatu. Nicméně, tato omezení byla učiněna lidmi a byla předávána staršími na následující generaci, proto to nejsou Boží pravidla.

Například, když Židé hledali důvod pro to, aby vznesli obvinění proti Ježíši, uviděli člověka s odumřelou rukou a ptali se Ježíše: „Je dovoleno v sobotu uzdravovat?" Pokládali i uzdravení nemocného člověka v sobotu za „práci" a tudíž za nedovolenou činnost. Na to jim Ježíš řekl: „*Kdyby někdo z vás měl jedinou ovečku, a ona by mu v sobotu spadla do jámy, neuchopil by ji a nevytáhl? A oč je člověk cennější než ovce! Proto je dovoleno v sobotu činit dobře*" (Matouš 12:11-12).

Dodržování dne odpočinku, o kterém mluví Bůh, není jednoduše o zdržení se jakékoli práce. Když nevěřící odpočívají od práce a pobývají doma nebo jdou ven užít si rekreačních aktivit, jde o fyzický odpočinek od práce. To není pokládáno za „odpočinek", protože nám to nedává opravdový život. Musíme nejprve pochopit duchovní význam „odpočinku", abychom ho mohli mít za svatý a měli z něj požehnání způsobem, jakým to pro nás Bůh zamýšlel.

Co po nás Bůh chce, abychom v ten den dělali, není fyzický odpočinek, ale duchovní odpočinek. Izajáš 58:13-14 vysvětluje, že v den odpočinku by se lidé měli zdržet dělání toho, co se jim zlíbí, směřování svou vlastní cestou, mluvení prázdných slov nebo užívání si radostí tohoto světa. Namísto toho by měli dodržovat den odpočinku jako svatý.

V den odpočinku by se člověk neměl zaplést do událostí tohoto světa, ale jít do církve, která je tělem Pána; brát chléb života, kterým je Boží slovo; mít společenství s Pánem prostřednictvím modliteb a chval; a duchovně odpočinout v Pánu. Prostřednictvím společenství věřících by měli lidé mezi sebou sdílet Boží milost a pomáhat budovat víru jeden druhého. Když takto duchovně odpočíváme, Bůh nechává naši víru zrát a naší duši se dobře daří.

Co se tedy přesně musí udělat, abychom dodrželi svatý den odpočinku?

Za prvé, musíme toužit po požehnání dne odpočinku a připravit se na to, abychom byli čisté nádoby.

Den odpočinku je den, který Bůh oddělil jako svatý a je to radostný den, kdy přijímáme požehnání od Boha. Druhá část verše 20:11 z knihy Exodus říká: *„Proto požehnal Hospodin den odpočinku a oddělil jej jako svatý,"* a Izajáš 58:13 říká: *„Nazveš-li den odpočinku rozkošným, svatý den Hospodinův přeslavným."*

I dnes se Izraelité, protože dodržují jako den odpočinku sobotu stejně jako ve starozákonní době, začínají připravovat na den odpočinku den předem. Mají připravené všechno jídlo, a pokud musejí pracovat mimo domov, zařídí si to tak, aby se dostali domů ne později než v pátek večer.

I my musíme připravit své srdce na den odpočinku ještě před

nedělí. Každý týden bychom měli bdít na modlitbách dříve, než přijde neděle a snažit se žít za všech okolností v pravdě, abychom si nevystavěli hradbu z hříchů mezi námi a Bohem.

A tak dodržování dne odpočinku tak, aby byl svatý, neznamená věnovat Bohu jen tento jediný den. Znamená to žít celý týden v souladu s Božím slovem. Pokud tedy v průběhu týdne uděláme něco, co může být pro Boha nepřijatelné, měli bychom činit pokání a připravit se na neděli s čistým srdcem. A když přijdeme na nedělní bohoslužbu, musíme předstoupit před Boha s vděčným srdcem. Musíme před něho předstoupit s radostným a předjímavým srdcem jako nevěsta čekající na svého ženicha. S takovýmto postojem se můžeme fyzicky připravit také tak, že se vykoupeme a zajdeme dokonce ke kadeřníkovi nebo do salónu, abychom byli čistí a upravení.

Můžeme dokonce uklidit i svůj dům. Měli bychom také mít vždy čisté a upravené oblečení vybrané před tím, než půjdeme do církve. Neměli bychom se zapojovat do žádných světských záležitostí pozdě v sobotu večer, které přetrvávají do neděle. Měli bychom se zdržet aktivit, které mohou zabránit uctívání, které přinášíme Bohu v neděli. Také se musíme pokusit chránit své srdce před podrážděností, hněvem nebo rozčilením, abychom mohli Boha uctívat v Duchu a v pravdě.

A tak bychom měli s radostným a milujícím srdcem očekávat neděli a připravovat se na to, abychom byli nádobami hodnými přijmout Boží milost. To nám umožní zakusit duchovní odpočinek v Pánu.

Za druhé, měli bychom věnovat celou neděli výlučně Bohu.

I mezi věřícími jsou lidé, kteří věnují Bohu pouze jednu bohoslužbu v neděli ráno a večerní bohoslužbu přeskočí. Dělají to buď kvůli odpočinku nebo kvůli rekreačním činnostem, nebo aby se věnovali něčemu jinému. Pokud chceme opravdu dodržet Hospodinův svatý den odpočinku s bohabojným srdcem, musíme jako svatý dodržet celý den. Důvod, proč vynecháváme odpolední bohoslužby, abychom dělali jiné věci, je ten, že dovolujeme našim srdcím následovat to, co potěší tělo a potom se honíme za světskými věcmi.

S takovým postojem je velmi snadné se nechat během ranní bohoslužby rozptýlit jinými myšlenkami. A třebaže přijdeme do církve, nevěnujeme Bohu tu pravou bohoslužbu. Během bohoslužby může být naše mysl naplněna myšlenkami jako: „Až bohoslužba skončí, půjdu domů a budu odpočívat" nebo: „Jéé, to bude fajn vidět se po bohoslužbě s přáteli" nebo: „Jakmile to skončí, měl bych spěchat otevřít obchod." Na mysl nám budou vyplouvat a odplouvat z ní všemožné myšlenky a my se nebudeme moci soustředit na slovo nebo se budeme během bohoslužby cítit ospale a unaveně.

Samozřejmě, co se týče nových věřících, tak protože je jejich víra mladá, mohou se snadno nechat rozptýlit, nebo protože jsou psychicky velmi unavení, mohou se cítit ospale. Protože Bůh zná míru víry každého a pohlíží do nitra srdce každého, bude k nim milosrdný. Ale pokud se někdo, o kom se má za to, že má mít značnou míru víry, běžně nechá rozptýlit a během bohoslužby usíná, nemá jednoduše úctu k Bohu.

Dodržování svatého dne odpočinku neznamená pouze být v neděli fyzicky uvnitř církve. Znamená to udržet nitro svého srdce a svou pozornost zaměřené na Boha. Pouze, když řádně uctíváme Boha celou neděli v Duchu a v pravdě, radostně přijme libou vůni našeho srdce při uctívání.

Abyste dodrželi svatý den odpočinku, je důležité, jak v neděli strávíte hodiny mimo bohoslužbu. Neměli bychom si myslet: „Tím, že jsem navštívil bohoslužbu, jsem udělal všechno, co je třeba udělat." Po bohoslužbě bychom měli mít společenství s ostatními věřícími a sloužit Božímu království tím, že uklidíme církevní budovu nebo řídíme dopravu na parkovacím místě před budovou nebo děláme jinou dobrovolnickou práci v církvi.

A potom, až den skončí a my jdeme domů odpočívat, měli bychom se zdržet rekreačních aktivit s jediným účelem potěšit nás samotné. Namísto toho bychom měli přemýšlet nad slovem, které jsme ten den slyšeli nebo strávit čas povídáním si se svou rodinou a vzájemným sdílením se o Boží milosti a pravdě. Bylo by skvělé nechat televizi vypnutou, ale pokud ji budeme sledovat, měli bychom se pokusit vyhnout určitým programům, které by mohly spustit naši žádostivost nebo které by mohly způsobit, že budeme vyhledávat světské potěšení. Namísto toho nalaďte programy, které jsou užitečné, čisté a ještě lépe, založené na víře.

Když ukážeme Bohu, že se snažíme udělat vše, co je v našich silách, abychom se mu zalíbili, třeba jen malými věcmi, tak Bůh, který hledí do nitra srdce každého, přijme naše uctívání s radostí, naplní nás plností Ducha svatého a požehná nám tak, že nalezneme skutečný odpočinek.

Za třetí, nesmíme dělat světskou práci.

Nehemjáš, místodržitel Izraele za perského krále Artaxerxe, porozuměl Boží vůli a nejenom, že znovu postavil hradby města Jeruzaléma, ale také zajistil, aby lidé dodržovali svatý den odpočinku.

To je důvod, proč zakázal práci nebo prodej v den odpočinku a dokonce vyhnal lidi, kteří spali před hradbami města a čekali zde na to, až budou moci uzavírat obchody v den následující po dni odpočinku.

V Nehemjáši 13:17-18 Nehemjáš varuje svůj lid: *„Jakého zla se to dopouštíte? Znesvěcujete den odpočinku! Což právě tak nejednali vaši otcové? Proto náš Bůh uvedl všechno toto zlé na nás a na toto město."* Co tím Nehemjáš říká, je to, že obchodování v den odpočinku znesvěcuje den odpočinku a vyvolává Boží hněv.

Kdokoliv znesvěcuje den odpočinku, neuznává Boží autoritu a nevěří v jeho příslib požehnat těm, kdo dodržují svatý den odpočinku. To je důvod, proč tyto lidi spravedlivý Bůh nemůže ochránit a musí na ně dopadnout neštěstí.

I dnes nám všem Bůh stále nařizuje stejnou věc. Říká nám, abychom tvrdě pracovali šest dní a potom sedmý den odpočívali. A pokud pamatujeme na den odpočinku a je nám svatý, potom nám Bůh nejenom dá dostatek, abychom si vytvořili zisk, který bychom měli, kdybychom pracovali sedmý den, ale požehná nám až do bodu, že naše sýpky budou přetékat.

Pokud se podíváte do 16. kapitoly knihy Exodus, zjistíte, že zatímco Bůh zaopatřil Izraelity manou a křepelkami každý den, šestý den jim toho seslal dvakrát tolik, než co sesílal v jiné dny, aby se mohli připravit na den odpočinku. Mezi Izraelity se našli i takoví, kteří z vlastního sobectví vyšli ven sbírat manu v den odpočinku, ale vrátili se s prázdnýma rukama.

Stejný duchovní zákon se na nás vztahuje i dnes. Pokud Boží dítě nedodržuje svatý den odpočinku a rozhodne se v den odpočinku pracovat, sklidí pouze krátkodobý zisk, ale v dlouhodobém horizontu zakusí právě z tohoto důvodu ztrátu.

Pravdou je, že třebaže se zdá, že v danou chvíli máte zisk, bez Boží ochrany zakusíte nějaké nepředvídatelné problémy.

Například se připletete k nehodě nebo onemocníte atd., což nakonec skončí větší ztrátou, než jaký zisk jste předtím nahromadili.

Na druhou stranu, pokud pamatujete na den odpočinku, že vám má být svatý, Bůh na vás bude dohlížet po celý zbytek týdne a vést vás vstříc prosperitě. Duch svatý vás bude střežit svými ohnivými sloupy a chránit vás před nemocemi. Požehná vám a vašemu podnikání, vašemu pracovišti a všude tam, kam půjdete.

To je důvod, proč Bůh učinil toto nařízení jedním z desatera přikázání. Dokonce zavedl přísný trest v podobě ukamenování člověka, který by byl přistižen při práci v den odpočinku, aby jeho lid pamatoval a nezapomněl na důležitost dne odpočinku a nesešel na cestu věčné smrti (15. kapitola knihy Numeri).

Od chvíle, kdy jsem přijal Krista do svého života, jsem se ujišťoval o tom, abych pamatoval na den odpočinku a byl mi svatý. Dříve než jsem založil církev, provozoval jsem knihkupectví. V neděli chodilo do obchodu mnoho lidí, kteří si chtěli také vypůjčit nebo vrátit knihy. A pokaždé, když k tomu došlo, řekl jsem: „Dnes je Hospodinův svatý den odpočinku, takže je obchod zavřený," a v ten den jsem obchod neprovozoval. Výsledkem bylo, že namísto toho, abychom utrpěli ztrátu, Bůh na nás vylil v šest dnů, kdy jsme pracovali, tolik požehnání, že nás ani nenapadlo, že bychom znovu v neděli pracovali!

Kdy jsou práce a obchodování v den odpočinku povoleny

Když se podíváte do Bible, existovaly případy, kdy byly práce a obchodování v den odpočinku povoleny. Jedná se o případy, kdy byla práce nezbytná pro konání Pánova díla nebo pro uskutečňování dobrých skutků jako např. zachraňování lidských životů.

Matouš 12:5-8 říká: *„A nečetli jste v Zákoně, že kněží službou v chrámu porušují sobotu, a přesto jsou bez viny? Pravím vám, že zde je víc než chrám. Kdybyste věděli, co znamená, ‚milosrdenství chci, a ne oběť‘, neodsuzovali byste nevinné. Vždyť Syn člověka je pánem nad sobotou."*

Když kněží zabíjejí zvířata pro zápalnou oběť v den odpočinku, nepokládá se to za práci. A tak se jakákoli práce vykonaná pro Pána v den odpočinku nepokládá za porušení dne odpočinku, protože on je Pánem nad sobotou.

Například, pokud církev chce zajistit vyučujícím a služebníkům ve chválách občerstvení za tvrdou práci v církvi po celý den, ale nemá jídelnu ani vhodné zařízení, ve kterém by se dalo občerstvení připravit, potom je povoleno jim zajistit jídlo odjinud. To proto, že Pánem nad sobotou je Ježíš Kristus a koupě jídla v tomto případě slouží ke konání Pánova díla. Samozřejmě, že by bylo ideálnější, kdyby se jídlo dalo připravit v církevní budově.

Když jsou v neděli otevřena knihkupectví v církvi, nepokládá se to za znesvěcení dne odpočinku, protože předměty prodané církevními knihkupectvími se nepokládají za světské věci, ale jsou to předměty, které dávají věřícím v Pána život. To zahrnuje Bible, zpěvníky, nahrávky bohoslužeb a jiné věci spojené s církví. Také prodejní automaty a jídelny v církevní budově jsou povoleny, protože slouží věřícím v církvi v den odpočinku. Zisk z těchto prodejů se používá na podporu misie a organizací dobré vůle, a tak se odlišuje od zisku ze sekulárního prodeje, který probíhá mimo církev.

Bůh rovněž nepokládá některé druhy práce jako např. práce v ozbrojených silách, policejním sboru, nemocnici atd. v den odpočinku za porušení dne odpočinku. Tyto práce zahrnují činnosti nutné k ochraně a zachraňování životů a konání dobrých skutků. Nicméně třebaže spadáte do této kategorie, měli byste se přesto pokusit zaměřit na Boha, třebaže tomu tak bude jen ve vašem srdci. Vaše srdce by mělo být ochotné apelovat na vašeho nadřízeného, aby vám změnil den volna, pokud je to možné, abyste mohli dodržet den odpočinku.

Co třeba věřící, kteří pořádají svůj svatební obřad v neděli? Pokud prohlašují, že věří v Boha a mají svůj svatební obřad v Hospodinův den odpočinku, ukazuje to na to, že je jejich víra velmi mladá. Pokud se ale rozhodnou mít svou svatbu v neděli a nikdo z jejich církve na svatbu nepřijde, mohli by se cítit uraženi a uklouznout na své cestě víry. A tak mohou v takovém případě členové církve navštívit svatební obřad po nedělní bohoslužbě. To aby ukázali ohleduplnost k jedincům, kteří sňatek uzavírají a zabránili zranění jejich citů a uklouznutí v jejich věřících životech. Nicméně, po obřadu je nepřijatelné, abyste zůstali na recepci, která je určena pro hosty, aby se pobavili.

Kromě těchto případů může vyvstat mnohem více otázek ohledně dne odpočinku. Avšak jakmile jednou porozumíte Božímu srdci, dokážete snadno nalézt odpověď i na tyto otázky. Když vymýtíte veškeré zlo ze svého srdce, budete moci Boha uctívat celým svým srdcem. Dokážete s ostatními dušemi jednat z upřímné lásky namísto toho, abyste je odsuzovali člověkem vytvořenými pravidly a předpisy jako saduceové a farizeové. Dokážete si užívat opravdového dne odpočinku v Pánu, aniž byste ho znesvěcovali. Potom poznáte Boží vůli ve všech situacích. Poznáte co dělat díky tomu, že budete vedeni Duchem svatým a budete si vždy moci užívat svobody životem v pravdě.

Bůh je láska, takže pokud Boží děti zachovávají jeho přikázání a dělají, co se mu líbí, dá jim, oč požádají (1 Janův 3:21-22). Nezasype nás pouze svou milostí, ale také nám požehná, takže se nám bude dařit a budeme úspěšní ve všech oblastech svého života. Na konci našich životů nás povede do nejlepšího příbytku v nebi.

Bůh pro nás připravil nebe, abychom právě jako nevěsta a

ženich sdílejí lásku a štěstí společně, mohli i my sdílet lásku a štěstí s naším Pánem věčně v nebi. To je skutečný den odpočinku, který pro nás Bůh uchovává. A tak se modlím, aby vaše víra zrála a rostla s každým uplynulým dnem přitom, jak budete pamatovat na den odpočinku a dodržovat ho celý a svatý.

Kapitola 6
Páté přikázání

„Cti svého otce i matku"

Exodus 20:12

„Cti svého otce i matku, abys byl dlouho živ na zemi, kterou ti dává Hospodin, tvůj Bůh."

Jednu chladnou zimu, když byly korejské ulice plné trpících uprchlíků zpustošených korejskou válkou, byla tu jedna žena, která se chystala porodit dítě. Měla před sebou ještě kilometry cesty do plánovaného cíle, ale jak kontrakce sílily a stávaly se stále častějšími, opatrně si vlezla pod opuštěný most. Vleže na chladné, mrznoucí zemi, překonala sama porodní bolesti a přivedla na svět děťátko. Potom přikryla krví pokryté děťátko svými vlastními šaty a držela ho ve svém náručí.

O pár chvil později uslyšel pláč dítěte americký voják, který šel právě přes most. Následoval pláč dítěte, vlezl pod most a nalezl mrtvou, zmrzlou, nahou ženu nahnutou přes plačící dítě zakryté vrstvami oblečení. Podobně jako žena v tomto příběhu rodiče milují své děti až do bodu, že by za ně dali snadno a obětavě svůj vlastní život. O co myslíte, že je tedy větší Boží bezpodmínečná láska k nám?

„Cti svého otce i matku"

„Cti svého otce i matku" znamená poslouchat vůli našich rodičů a sloužit jim s upřímnou úctou a zdvořilostí. Naši rodiče nám dali život a vychovali nás. Kdyby nebylo našich rodičů, nebylo by ani nás. Takže i kdyby Bůh neučinil toto přikázání jedním z deseti přikázání, lidé s dobrým srdcem by své rodiče stejně ctili.

Bůh nám dává toto přikázání: "Cti svého otce i matku," protože jak zmiňuje v Efezským 6:1: *"Děti, poslouchejte své rodiče, protože to je spravedlivé před Bohem,"* chce, abychom ctili své rodiče podle jeho slova. Pokud se vám stane, že neuposlechnete Boží slovo, abyste se zalíbili svým rodičům, potom ve skutečnosti nectíte své rodiče.

Jestliže se například chystáte v neděli do církve a vaši rodiče vám řeknou: "Nechoď dnes na bohoslužbu. Udělejme si rodinnou neděli," co byste měli udělat? Pokud poslechnete své rodiče, abyste se jim zalíbili, ve skutečnosti je nectíte. Je to porušování dne odpočinku a jdete vstříc věčné tmě společně se svými rodiči.

Třebaže je posloucháte a dobře jim sloužíte podle těla, tak jak můžete říct, že skutečně milujete své rodiče, když je to v duchovním slova smyslu cesta do věčného pekla? Nejprve musíte jednat podle Boží vůle a potom se můžete pokusit pohnout srdcem svých rodičů, abyste mohli jít do nebe všichni společně. To bude znamenat, že je skutečně ctíte.

Ve 2 Paralipomenon 15:16 se říká: *"Také svou matku Maaku zbavil král Ása jejího královského postavení, za to, že udělala nestvůrnou modlu pro Ašéru. Ása její nestvůrnou modlu podťal, rozdrtil na padrť a spálil v Kidrónském úvalu."*

Pokud královna nějakého národa uctívá modly, pak je nepřátelská vůči Bohu a kráčí směrem k věčnému odsouzení. Ale nejenom to, ohrožuje také své poddané, protože je nutí dopouštět se skutků modloslužby a spadnou tak do stejného věčného odsouzení spolu s ní. To je důvod, že třebaže byla Maaka Ásova matka, Ása se nesnažil zalíbit se jí tím, že ji poslechl, ale namísto toho ji zbavil jejího výsostného postavení královny matky, aby mohla činit pokání ze svého provinění před Bohem a lid se mohl probudit a učinit to samé.

To, že král Ása zbavil svou matku postavení královny matky, však neznamenalo, že přestal plnit své povinnosti jako její syn. Do té míry, do jaké miloval její duši, si jí neustále vážil a měl ji v úctě jako svou matku.

Abychom mohli říct: „Skutečně jsem ctil své rodiče," musíme svým nevěřícím rodičům dopomoci k tomu, aby získali spasení a šli do nebe. Jsou-li naši rodiče už věřící, musíme jim pomoci v tom, aby mohli vstoupit do nejlepšího nebeského příbytku. Zároveň bychom se měli také pokoušet o to jim sloužit a zalíbit se jim, co nejvíce to jde v rámci Boží pravdy, zatímco žijeme zde na zemi.

Bůh je Otec našeho Ducha

„Cti svého otce i matku" konec konců znamená to samé jako „Zachovávej Boží přikázání a cti Boha." Pokud někdo opravdově ctí Boha z hloubi svého srdce, bude rovněž ctít své rodiče. A podobně, jestliže někdo upřímně slouží svým rodičům, bude upřímně sloužit také Bohu. Ale podstatou věci je, že když dojde na lámání chleba, Bůh by měl mít přednost.

V mnoha kulturách například platí, že když otec řekne svému synovi: „Jdi na východ," potom syn poslechne a jde na východ. Pokud však zároveň jeho dědeček řekne: „Ne, nechoď na východ. Jdi na západ," potom je pro syna správnější říct svému otci: „Dědeček mi řekl, abych šel na západ" a jít na západ.

Jestliže otec opravdu ctí svého vlastního otce, nerozhněvá se jen proto, že jeho syn poslechl svého dědečka namísto něj. Tento skutek uposlechnutí starších podle generační úrovně se také uplatňuje na náš vztah s Bohem.

Bůh je ten, kdo stvořil a dal život našemu otci, dědečkovi a všem našim předkům. Člověk je stvořen spojením spermie a vajíčka. Avšak ten, kdo dává člověku základní semínko života, je Bůh.

Naše viditelná těla nejsou ničím víc než přechodnými stany, které používáme na krátký čas, kdy žijeme zde na této zemi. Po Bohu, skutečném pánu každého z nás, je v nás duch. Nezáleží na tom, jak chytrým a erudovaným se lidstvo stane, nikdo nemůže naklonovat ducha člověka. A třebaže je člověk schopný naklonovat lidské buňky a vytvořit lidskou podobu, dokud nedodá Bůh této podobě ducha, nemůžeme nazvat podobu lidskou bytostí.

Proto je skutečným Otcem našeho ducha Bůh. Když známe tuto skutečnost, měli bychom udělat vše, co je v našich silách, abychom sloužili svým fyzickým rodičům a ctili je, ale měli bychom ještě více milovat, sloužit a ctít Boha, protože on je původcem a dárcem života samotného.

A tak si rodič, který rozumí této vůli, nikdy nepomyslí: „Dal jsem svému dítěti život, a tak si s ním mohu dělat, co se mi zlíbí." Jak je napsáno v Žalmu 127:3: *„Hle, synové jsou dědictví od Hospodina, mzdou od něho plod lůna,"* rodiče s vírou pokládají své dítě za Bohem daný projekt a drahocennou duši, o kterou by mělo být pečováno podle Boží vůle a ne podle jejich vlastní.

Jak ctít Boha, Otce našeho ducha

Co bychom tedy měli udělat, abychom ctili Boha, Otce našeho ducha?

Jestliže opravdově ctíte své rodiče, měli byste je poslouchat a snažit se přinést radost a útěchu jejich srdcím. Stejně tak, pokud opravdu chcete ctít Boha, měli byste ho milovat a zachovávat jeho přikázání.

Jak je napsáno v 1 Janově 5:3: *„V tom je totiž láska k Bohu, že zachováváme jeho přikázání; a jeho přikázání nejsou těžká,"* pokud opravdově milujete Boha, potom by zachovávání jeho přikázání mělo být potěšením.

Boží nařízení jsou obsažena ve slovech zaznamenaných v šedesáti šesti knihách Bible. Jmenovitě jsou tu slova jako: „Milujte, odpouštějte, mějte pokoj, služte, modlete se," atd., kde nám Bůh říká, abychom něco dělali, a potom jsou zde slovní spojení jako: „Nemějte v nenávisti, neodsuzujte, nebuďte domýšliví," atd., kde nám Bůh říká, abychom něco nedělali. Jsou zde také věty jako: „Odhoďte pouhou podobu hříchu," atd., kde nám Bůh říká, abychom něco vypudili ze svého života a věty jako: „Pamatujte na den odpočinku, že vám má být svatý," atd., kde nám Bůh říká, že máme něco dodržovat.

Pouze v případě, že jednáme podle přikázání, která jsou zaznamenaná v Bibli a staneme se jako křesťané libou vůní Bohu, můžeme říct, že skutečně ctíme Boha Otce.

Je přirozené vidět, že lidé, kteří milují a ctí Boha, také milují a ctí své fyzické rodiče. To proto, že Boží přikázání již v sobě zahrnují, že máme ctít své rodiče a milovat své bratry.

Milujete shodou okolností Boha a děláte, co je ve vašich silách, abyste mu sloužili v církvi, ale zanedbáváte nějakým způsobem své rodiče doma? Jste vždy pokorní a přívětiví před svými bratry a sestrami v církvi, ale občas jste hrubí na svou rodinu doma a urážíte ji? Konfrontujete své starší rodiče slovy a činy, která ukazují frustraci tím, že jim říkáte, že jejich slova nedávají smysl?

Samozřejmě, že mohou nastat chvíle, kdy máte vy a vaši rodiče protichůdné názory kvůli generačním rozdílům, rozdílům ve vzdělání nebo kultuře. Nicméně, měli bychom se vždy snažit respektovat a ctít nejprve názory svých rodičů. Ačkoliv můžeme mít pravdu, tak potud, pokud nejsou jejich názory v rozporu s Biblí, měli bychom být schopni ustoupit z našich vlastních názorů kvůli jejich.

Nikdy bychom neměli zapomínat ctít své rodiče tím, že pochopíme, že můžeme žít a dospívat díky jejich lásce k nám a jejich obětování se pro nás. Někteří lidé to mohou vnímat tak, jako by jejich rodiče pro ně nikdy nic neudělali a je pro ně těžké je ctít. Nicméně třebaže někteří rodiče nebyli věrní ve své zodpovědnosti jako rodiče, musíme pamatovat na to, že ctít své rodiče, kteří nám dali život, je základní lidská zdvořilost.

Pokud milujete Boha, ctěte své rodiče

Milovat Boha a ctít své rodiče jde spolu ruku v ruce. 1 Janův 4:20 říká: *"Řekne-li někdo: ,Já miluji Boha', a přitom nenávidí svého bratra, je lhář. Kdo nemiluje svého bratra, kterého vidí, nemůže milovat Boha, kterého nevidí."*

Pokud někdo prohlašuje, že miluje Boha, ale nemiluje své rodiče a nežije v pokoji se svými bratry a sestrami, potom je ten člověk pokrytecký a lže. To je důvod, proč v 15. kapitole Matouše ve verších 4-9 vidíme Ježíše, jak hubuje farizeje a zákoníky. Podle tradic starších se potud, pokud lidé dávali obětní dary Bohu, nemuseli starat o to, aby dávali svým rodičům.

Pokud někdo řekne, že nemůže něco dát svým rodičům, protože to musí dát Bohu, tak tím nejenom porušuje Boží přikázání o tom, že máme ctít své rodiče, ale protože používá Boha jako výmluvu, je jasné, že to vychází ze zlého srdce. Tento člověk si chce vzít, co právem náleží jeho rodičům, aby uspokojil sám sebe. Ten, kdo opravdu miluje a ctí Boha z hloubi svého srdce, bude milovat a ctít také své rodiče.

Například jestliže někdo, kdo měl v minulosti problém milovat své rodiče, bude stále více a více chápat Boží lásku, začne lépe rozumět také lásce svých rodičů. Čím více vcházíte do pravdy, odhazujete hříchy a žijete podle Božího slova, tím více bude vaše srdce naplněno opravdovou láskou a tím více budete ve výsledku sloužit svým rodičům a milovat je.

Požehnání, která obdržíte, když budete zachovávat páté přikázání

Těm, kdo milují Boha a ctí své rodiče, dal Bůh příslib. Exodus 20:12 říká: *„Cti svého otce i matku, abys byl dlouho živ na zemi, kterou ti dává Hospodin, tvůj Bůh."*

Tento verš jednoduše neznamená, že pokud budete ctít své rodiče, budete žít dlouhý život. Znamená to, že do té míry, do jaké budete ctít Boha a své rodiče v Boží pravdě, vám Bůh požehná v oblasti prosperity a ochrany ve všech oblastech vašeho života. „Dlouho živ" znamená, že Bůh požehná vám, vaší rodině, vašemu pracovišti nebo podnikání od náhlých neštěstí, takže bude váš život dlouhý a prospěšný.

Takové požehnání obdržela Rút, žena ze Starého zákona. Rút byla pohanka z moábské země a když se podíváme na okolnosti jejího života, člověk by řekl, že měla drsný život. Vdala se za židovského muže, který opustil Izrael, aby se vyhnul hladomoru. Avšak zanedlouho potom, co uzavřeli manželství, zemřel a zanechal ji bezdětnou.

Její tchán již také zemřel a v domě nebyl žádný muž, který by zajistil rodinu. Jedinými lidmi, kteří zůstali v domě, byly její tchyně, Noemi, a její švagrová, Orpa. Když se její tchyně Noemi rozhodla vrátit do Judy, Rút se urychleně rozhodla ji následovat.

Noemi se pokoušela přesvědčit svou mladou snachu, aby ji opustila a pokusila se začít nový, šťastnější život, ale Rút se přesvědčit nedala. Chtěla se postarat o svou ovdovělou tchyni až do konce, a tak to skončilo tím, že ji následovala do Judy, jí zcela neznámé cizí země. Protože svou tchyni milovala, chtěla jako snacha splnit všechny své povinnosti. Chtěla udělat vše, co bude v jejích silách, aby se o Noemi postarala, co nejvíce to půjde. Aby tak učinila, byla dokonce ochotná se vzdát šance na to, aby si pro sebe našla nový, šťastnější život.

Rút také prostřednictvím své tchyně získala víru v Boha Izraele. Její dojemné vyznání můžeme vidět v 1. kapitole knihy

Rút, ve verších 16 až 17:

> *Nenaléhej na mne, abych tě opustila a vrátila se od tebe. Kamkoli půjdeš, půjdu, kdekoli zůstaneš, zůstanu. Tvůj lid bude mým lidem a tvůj Bůh mým Bohem. Kde umřeš ty, umřu i já a tam budu pochována. Ať se mnou Hospodin udělá, co chce! Rozdělí nás od sebe jen smrt.*

Když Bůh slyšel toto vyznání, tak třebaže byla Rút pohanská žena, požehnal jí a způsobil, že se jí v životě dařilo. Podle židovského zvyku, kdy se žena mohla znovu vdát za jednoho z nejbližších příbuzných zastánců svého zemřelého manžela, mohla Rút začít nový, šťastný život s laskavým manželem a žít po zbytek svého života se svou tchyní, kterou milovala.

Vrcholem toho všeho je to, že skrze její pokrevní linii vzešel i král David a Rút má rovněž privilegium sdílet rodokmen Spasitele Ježíše Krista. Jak Bůh přislíbil, tak protože Rút ctila svého rodiče v Boží lásce, dostalo se jí hojného fyzického i duchovního požehnání.

Podobně jako Rút musíme i my milovat nejprve Boha a potom ctít své rodiče v Boží lásce. Díky tomu obdržíme všechna přislíbená požehnání, která jsou zahrnutá v Božích slovech: „Budeš dlouho živ na zemi."

Kapitola 7
Šesté přikázání

„Nezabiješ"

Exodus 20:13

„Nezabiješ."

Jako pastor se dostávám do kontaktu s mnoha členy církve. Kromě běžné bohoslužby se s nimi setkávám, když si přijdou pro modlitbu, přijdou sdílet své svědectví nebo vyhledat duchovní povzbuzení. Abych jim pomohl růst silněji ve víře, často jim pokládám tuto otázku: „Miluješ Boha?"

„Ano! Miluju Boha," sebejistě odpoví většina lidí. Ale často tak tomu je, protože nerozumějí pravému duchovnímu významu toho, co znamená milovat Boha. A tak s nimi sdílím tento verš: *„V tom je totiž láska k Bohu, že zachováváme jeho přikázání"* (1 Janova 5:3) a vysvětlím duchovní význam toho, co znamená milovat Boha. Když potom znovu položím stejnou otázku, většina lidí odpoví podruhé s menší jistotou.

Pochopit duchovní význam Božích slov je velmi důležité. A stejně tomu je s desaterem přikázání. Jaký duchovní význam si tedy v sobě nese šesté přikázání?

„Nezabiješ"

Podíváme-li se na čtvrtou kapitolu knihy Genesis, staneme se svědky úplně prvního případu vraždy v dějinách lidstva. Jde o případ, kdy Adamův syn Kain zabil svého mladšího bratra Ábela. Proč k takovým věcem dochází?

Ábel přinesl oběť Bohu způsobem, který se líbil Bohu. Kain přinesl oběť Bohu způsobem, který pokládal za správný a způsobem, který byl pro něj nejpohodlnější. Když Bůh nepřijal Kainovu oběť, tak namísto toho, aby se pokusil přijít na to, co udělal špatně, začal Kain žárlit na svého bratra a byl plný vzteku a zášti.

Bůh znal Kainovo srdce a při několika příležitostech Kaina varoval. Bůh mu pověděl: *„[Hřích] bude po tobě dychtit; ty však máš nad ním vládnout"* (Genesis 4:7). Jak je však napsáno v Genesis 4:8: *„Když byli na poli, povstal Kain proti svému bratru Ábelovi a zabil jej,"* Kain nedokázal udržet hněv ve svém srdci pod kontrolou a dopadlo to s ním tak, že se dopustil nevratného hříchu.

Ze slov: „Když byli na poli," můžeme usuzovat, že Kain čekal na chvíli, kdy bude se svým bratrem sám. To znamená, že Kain se již rozhodl ve svém srdci, že zabije svého bratra a čekal na vhodnou příležitost. Vražda, které se Kain dopustil, nebyla náhodná, byla důsledkem jeho nekontrolovatelného hněvu, který se v jediné chvíli obrátil v čin. To je to, co dělá z Kainovy vraždy tak veliký hřích.

Po vraždě Kaina došlo během celé historie lidstva k dalším četným případům vražd. A dnes, protože je svět plný hříchu, dochází k bezpočtu vražd každý den. Průměrný věk kriminálníků se snižuje a druhy kriminálních činů jsou stále horší a horší. Co je ale vůbec nejhorší, že v současné době nejsou případy vražd, kdy rodiče zabíjejí své děti a děti zabíjejí své rodiče, už vůbec šokující.

Fyzická vražda: Vzít život jinému člověku

Právně existují dva druhy vražd: je to vražda prvního stupně, kdy jeden člověk zabije druhého člověka záměrně z určitého důvodu a potom je to vražda druhého stupně, kdy člověk zabije druhého člověka neúmyslně. Vražda ze zloby nebo kvůli materiálnímu zisku nebo náhodná vražda kvůli bezohledné jízdě jsou všechno druhy vražd, ačkoliv se váha hříchu u každého případu v závislosti na situaci liší. Některé vraždy nejsou pokládány za hřích jako prolití krve na bitevním poli nebo zabití v legitimní sebeobraně.

Bible říká, že pokud člověk zabije zloděje, který vnikne do domu v noci, nepokládá se to za vraždu, ale pokud člověk zabije zloděje, který vnikne do domu ve dne, pokládá se to za nepřiměřenou sebeobranu a měl by za to být potrestán. To proto, že před několika tisíci lety, v době kdy nám Bůh dal své zákony, lidé mohli snadno pronásledovat nebo chytit zloděje s pomocí druhého člověka.

Bůh pokládal nepřiměřenou sebeobranu, která způsobuje prolití krve druhého člověka, v tomto případě za hřích, protože Bůh zakazuje opomíjení lidských práv a znevážení důstojnosti života. To ukazuje na Boží spravedlivou a milující povahu (Exodus

22:2-3).

Sebevražda a potrat

Kromě výše zmíněných druhů vražd je zde také případ ‚sebevraždy'. ‚Sebevražda' je před Bohem jasně pokládána za ‚vraždu'. Bůh má svrchovanost nad životy všech lidí a sebevražda je skutkem popření této svrchovanosti. To je důvod, proč je sebevražda velikým hříchem. Lidé se však dopouštějí tohoto hříchu, protože nevěří v život po životě ani nevěří v Boha. A tak se k hříchu nevíry v Boha navíc dopouštějí hříchu vraždy. Představte si, jaký druh odsouzení je čeká!

V dnešní době, s náporem uživatelů Internetu, se množí případy, kdy jsou lidé webovými stránkami nalákáni k tomu, aby se dopustili sebevraždy. V Koreji je první nejčastější příčinou smrti čtyřicátníků rakovina a na druhém místě je to sebevražda. Ta se stává vážným společenským problémem. Lidé musejí pochopit skutečnost, že nemají autoritu ukončit svůj vlastní život a že ukončení života zde na zemi neznamená, že se problém, který po sobě zanechali, vyřeší.

A co potraty? Pravda v této věci je, že život dítěte v děloze je pod Boží svrchovanou mocí, a tak potrat rovněž spadá pod kategorii vražda.

V dnešní době, kdy hřích ovládá životy mnoha lidí, rodiče ukončují život svých dětí, aniž by to pokládali za hřích. Zavraždění jiného člověka je samo o sobě strašným hříchem, o co větším hříchem je, když rodiče vezmou život svému vlastnímu dítěti?

Fyzická vražda je jasným hříchem, takže každá země má velmi přísné zákony proti tomuto činu. Je to také těžký hřích před Bohem, takže nepřítel ďábel může uvalit na ty, kdo se dopustí vraždy, všemožné zkoušky a soužení. A nejenom to, čeká na ně po životě nelítostný soud, takže nikdo by se nikdy neměl dopustit hříchu vraždy.

Duchovní vražda, která ublíží duchu a duši

Bůh pokládá fyzickou vraždu za strašný hřích, rovněž však pokládá za těžký hřích duchovní vraždu, která je zrovna tak strašná. Co je tedy potom duchovní vražda?

Za prvé, duchovní vražda je, když člověk udělá ať už svými slovy nebo činy něco, co je mimo Boží pravdu, a skončí to tím, že druhý člověk klopýtne ve víře.

Způsobit, že druhý věřící klopýtne, znamená ublížit jeho duchu tím, že se odchýlí od Boží pravdy.

Řekněme, že mladý věřící přistoupí k jednomu z vedoucích církve, aby si nechal poradit, a zeptá se: „Je v pořádku, když nepřijdu na nedělní bohoslužbu kvůli tomu, že si musím zařídit něco velmi důležitého?" Jestliže na to duchovní vůdce zareaguje: „No, pokud jde o velmi důležitou věc, hádám, že je v pořádku, když nepřijdeš," potom tento vůdce způsobí, že mladý věřící klopýtne.

Nebo řekněme, že se někdo, kdo má na zodpovědnost církevní pokladnu, zeptá: „Mohu si půjčit nějaké peníze z církevní pokladny pro osobní potřebu? Budu to moci všechno vrátit zpátky už za pár dnů." Pokud mu vedoucí církve odpoví: „Pokud to nakonec splatíš zpátky, tak to nevadí," potom ho vedoucí učí něco, co odporuje Boží vůli, proto ubližuje duchu svého bratra ve víře.

Nebo jestliže vedoucí malé skupinky řekne: „Žijeme dneska ve velmi rušném světě. Je téměř nemožné, abychom se setkávali častěji" a vyučuje své spoluvěřící o tom, aby nebrali církevní shromáždění vážně, čímž je vyučuje proti Boží pravdě a způsobuje, že jeho spoluvěřící klopýtnout (Židům 10:25). Jak je psáno: *„A když vede slepý slepého, oba spadnou do jámy"* (Matouš 15:14).

A tak vyučovat ostatní věřící nepravdivým informacím a způsobit, že odpadnou od Boží pravdy, je druhem duchovní vraždy. Poskytovat věřícím mylné informace může způsobit, že zakusí bezdůvodné soužení. To je důvod, proč by se vedoucí v církvi v pozici, kdy vyučují jiné věřící, měli horlivě modlit k Bohu a podávat správné informace nebo by měli postoupit své otázky jinému vedoucímu, který dokáže získat jasnou odpověď od Boha a vést rostoucího věřícího správným směrem.

Mimoto, říkat věci, které by člověk říkat neměl nebo říkat zlá slova může spadat do kategorie duchovní vraždy. Vyřknout věci, které odsuzují a obviňují druhé, vytvářet spolek satanův pomlouváním nebo vytvářet rozkoly mezi lidmi jsou všechno příklady provokování druhého člověka k nenávisti nebo zlému jednání. Horší je, když lidé šíří pomluvy o Božím služebníku, např. o pastorech, nebo o církvi. Tyto pomluvy mohou způsobit, že mnoho lidí klopýtne a proto budou ti, kdo tyto pomluvy šíří, jistě čelit soudu před Bohem.

V některých případech vidíme lidi, jak ubližují svému vlastnímu duchu díky zlu ve svém srdci. Příklady těchto typů lidí jsou Židé, kteří se pokusili zabít Ježíše – třebaže jednal v pravdě – nebo Jidáš Iškariotský, který zradil Ježíše a zaprodal ho Židům za třicet stříbrných mincí.

Pokud někdo klopýtne potom, co uvidí slabost někoho druhého, měl by vědět, že i on má v sobě zlo. Jsou chvíle, kdy se lidé podívají na znovuzrozeného křesťana, který ještě neodhodil své dřívější způsoby života, a řeknou: „A on si říká křesťan?

Nebudu chodit do církve už kvůli němu." To je případ, kdy si sami přivodí klopýtnutí. Nikdo jiný jim ho nezpůsobil, spíše si ubližují sami ze své vlastní špatnosti a odsuzujícího srdce.

V některých případech lidé mohou odpadnout od Boha potom, co je zklame někdo, o kom věřili, že je silný křesťan, přičemž prohlašují, že jednal v nepravdě. Kdyby se zaměřili jen na Boha a Pána Ježíše Krista, neklopýtli by, ani by neopustili cestu spasení.

Jsou například chvíle, kdy se lidé zaručí za člověka, kterému opravdově důvěřují a váží si ho, ale z nějakého důvodu se něco pokazí a oni nakonec čelí potížím. V takovém případě podlehne mnoho lidí zklamání a urazí se. Když se přihodí něco takového, musejí lidé rozumět tomu, že situace pouze prokazuje, že jejich víra nebyla pravá víra a oni by měli činit pokání ze své neposlušnosti. Jsou těmi, kdo neuposlechli Boha, když nám konkrétně řekl, abychom se nezaručovali za půjčku (Přísloví 22:26).

A pokud máte opravdu dobré srdce a skutečnou víru, tak když uvidíte něčí slabost, budete se za dotyčného člověka modlit s horlivým srdcem a trpělivě čekat, až se změní.

Navíc, někteří lidé mohou být kamenem úrazu sami sobě potom, co se urazí, zatímco poslouchají Boží slovo. Pokud má například pastor kázání o konkrétním hříchu, tak i když pastor na ně ani nepomyslel, aniž by vůbec zmínil jejich jméno, myslí si: „Pastor mluví o mně! Jak to mohl udělat před všemi těmi lidmi?"

A potom odejdou z církve.

Nebo když pastor řekne, že desátky patří Bohu a že Bůh žehná těm, kdo dávají desátky, někteří lidé si stěžují, že církev klade příliš velký důraz na peníze. A jindy, když pastor svědčí o Boží moci a Božích zázracích, někteří lidé řeknou: „To mi nedává smysl" a stěžují si na to, že slovo jim dost dobře nezapadá do jejich znalostí a vzdělání. To jsou všechno příklady lidí, kteří se sami urazí a vytvářejí si ve svém srdci své vlastní kameny úrazu.

V Matoušovi 11:6 Ježíš řekl: *„A blaze tomu, kdo se nade mnou neuráží"* a v Janovi 11:10 řekl: *„Kdo však chodí v noci, klopýtá, poněvadž v něm není světla."* Má-li někdo dobré srdce a touhu přijímat pravdu, neklopýtne ani neodpadne od Boha, protože Boží slovo, které je světlem, bude s ním. Pokud někdo zakopne o kámen úrazu nebo se kvůli něčemu urazí, dokazuje to, že tma ho stále ještě neopustila.

Samozřejmě, že když se někdo snadno urazí, je to znamení, že je buď slabý ve své víře, nebo má v srdci tmu. Avšak člověk, který urazí druhého člověka, je také zodpovědný za své skutky. Co se týče člověka, který pronáší slovo k druhému člověku, tak i když je to, co říká, absolutní pravda, měl by se snažit pronést ho moudře a způsobem, který se slučuje s úrovní víry příjemce.

Pokud řeknete znovuzrozenému křesťanovi, který zrovna obdržel Ducha svatého: „Pokud chceš být spasený, přestaň s pitím a kouřením" nebo: „Nikdy bys neměl v neděli otvírat svůj obchod" nebo: „Jestliže ustaneš v modlitbách, dopustíš se hříchu, který se stane hradbou mezi tebou a Bohem, takže si dej dobrý pozor na to, abys chodil každý den do církve a modlil se," je to srovnatelné s tím, když krmíte masem nemluvně, které potřebuje kojit. I když znovuzrozený křesťan pod tlakem uposlechne, bude si pravděpodobně myslet: „Ach, jo, být křesťanem je tak těžké" a může na sobě cítit břemeno a dříve či později svou víru vzdá.

Matouš 18:7 říká: „*Běda světu, že svádí k hříchu! Svody sice nutně přicházejí, ale běda tomu, skrze koho přijdou.*" I když řeknete něco ve prospěch druhého člověka, tak pokud to způsobí, že se druhý člověk urazí nebo odpadne od Boha, pokládá se to za duchovní vraždu a vy budete nevyhnutelně čelit nějakým zkouškám, abyste zaplatili cenu za tento hřích.

A tak, pokud milujete Boha a pokud milujete druhé, měli byste cvičit sebeovládání s každým slovem, které řeknete, aby to, co řeknete, přineslo milost a požehnání každému, kdo poslouchá. Třebaže někoho vyučujete v pravdě, měli byste se snažit být citliví a vidět, zda to, co říkáte, má za následek, že se dotyčný cítí obviněný a je mu těžko u srdce, nebo zda mu to dodává naději a sílu aplikovat vyučování ve svém životě, aby tak každý, komu sloužíte, mohl kráčet vítěznou cestou životem v Ježíši Kristu.

Duchovní vražda nenávisti jiného bratra

Dalším druhem duchovní vraždy je nenávidět jiného bratra

nebo sestru v Kristu.

V 1 Janově 3:15 je napsáno: „*Kdokoliv nenávidí svého bratra, je vrah – a víte, že žádný vrah nemá podíl na věčném životě.*"

To proto, že nenávist je v zásadě kořenem vraždy. Zprvu může někdo někoho nenávidět ve svém srdci. Ale pokud tato nenávist roste, může způsobit, že si v sobě ponese špatný skutek proti druhému člověku a nakonec může tato nenávist způsobit i to, že se dopustí vraždy. V Kainově případě také všechno začalo tím, že Kain začal nenávidět svého bratra Ábela.

To je důvod, proč se v Matoušovi 5:21-22 říká: „*Slyšeli jste, že bylo řečeno otcům: ,Nezabiješ! Kdo by zabil, bude vydán soudu.' Já však pravím, že již ten, kdo se hněvá na svého bratra, bude vydán soudu; kdo snižuje svého bratra, bude vydán radě; kdo svého bratra zatracuje, propadne ohnivému peklu.*"

Když člověk nenávidí druhé lidi ve svém srdci, jeho hněv může způsobit, že s nimi bude bojovat. A jestliže se člověku, kterého nenávidí, stane něco dobrého, může začít žárlit a stane se velmi kritickým, přičemž bude odsuzovat druhého člověka a šířit zlá slova o jeho slabostech. Může ho podvést a způsobit mu škodu nebo se mohou stát nepřáteli. Nenávidět druhého člověka a jednat vůči druhému člověku zle jsou příklady duchovní vraždy.

Protože Bůh ještě neseslal Ducha svatého, nebylo pro lidi ve starozákonní době snadné obřezat své srdce a stát se svatými. Ale protože nyní, v novozákonní době, můžeme obdržet do svého srdce Ducha svatého, tak nám Duch svatý dává moc zbavit se i té nejhlubší hříšné přirozenosti, kterou máme.

Tím, že je jedním z Boží Trojice, je Duch svatý jako matka zaměřená na detaily, která nás vyučuje o srdci Boha Otce. Duch svatý nás vyučuje o hříchu, spravedlnosti a soudu, čímž nám pomáhá žít v pravdě. To je důvod, proč můžeme odhodit i pouhou představu hříchu.

To je důvod, proč Bůh svým dětem nejenom říká, aby se nikdy nedopustily fyzické vraždy, ale také nám říká, abychom vytrhli ze svého srdce i kořen nenávisti. Pouze, když dokážeme odhodit všechno zlo ze svého srdce a naplnit ho láskou, můžeme skutečně přebývat v Boží lásce a těšit se důkazu jeho lásky (1 Janův 4:11-12).

Když někoho milujeme, nevidíme jeho omyly. A pokud se stane, že tento člověk má slabost, budeme k němu pociťovat sympatie a s nadějným srdcem ho povzbudíme a dáme mu moc se změnit. Když jsme ještě byli hříšníci, Bůh nám dal tento druh lásky, abychom mohli získat spasení a jít do nebe.

A tak bychom nejenom měli zachovávat jeho přikázání: „Nezabiješ", ale také bychom měli milovat všechny lidi – i své nepřátele – láskou Kristovou a přijímat po celou dobu Boží požehnání. Na konci pak vstoupíme do nejkrásnějšího místa v nebi a budeme věčně přebývat v Boží lásce.

Kapitola 8
Sedmé přikázání

„Nesesmilníš"

Exodus 20:14

„Nesesmilníš."

Hora Vesuv, která se nachází v jižní Itálii, byla aktivním vulkánem, který pouze jednou za čas vypouštěl páru, ale lidé měli za to, že to dotváří překrásnou scenérii Pompejí.

24. srpna roku 79 n. l., okolo poledne, zatímco se země silněji a silněji chvěla, vybuchl sopečný mrak z hory Vesuv a zakryl oblohu nad Pompejemi. S obrovským výbuchem vrchol hory prasknul, otevřel se a rozžhavené balvany a popel začaly padat dolů na zem.

V několika minutách zemřel bezpočet lidí, zatímco přeživší běželi o holý život k oceánu. Potom se však stala ta nejhorší věc, jaká se mohla stát. Vítr náhle nabral rychlost a zafoukal proti oceánu.

Ještě jednou pohltily horko a toxický plyn občany Pompejí, kteří zrovna přežili erupci úprkem k oceánu, a všechny je zadusily.

Pompeje byly prostopášné město plné chlípnosti a model. Jeho poslední den nám připomíná města Sodomu a Gomoru z Bible, které zakusily Boží soud ohněm. Osud těchto měst je jasnou připomínkou toho, jak hodně se Bohu ošklíví žádostivá srdce a modloslužba. To je jasně vyjádřeno v desateru přikázání.

„Nesesmilníš"

Cizoložství je sexuální vztah mezi mužem a ženou, kteří si

nejsou navzájem manželi. Před dlouhou dobou bylo cizoložství pokládáno za neobyčejně nemorální skutek. Ale co dnes? Kvůli rozvoji počítačů a Internetu mají dospělí a dokonce i děti přístup k chlípným materiálům na dosah prstů.

Etika ohledně sexu je v dnešní společnosti tak zchátralá, že erotické či obscénní snímky běží v televizi, ve filmech a dokonce i v dětských animovaných filmech. A odvážně vystavené tělo se v módních trendech rychle šíří. V důsledku toho se rychle šíří i špatné chápání sexu.

Abychom přišli na kloub pravdě v této věci, prostudujme ve třech částech význam sedmého přikázání: „Nesesmilníš."

Cizoložství ve skutku

Smysl lidí pro morální hodnoty je dnes horší než kdykoli předtím. A tak je ve filmech a televizních dramatech cizoložství velmi často zobrazováno jako překrásný druh lásky. V těchto dnech nesezdaní muži a ženy nenuceně poskytují svá těla sobě navzájem a dokonce mají i předmanželský sex a myslí si: „To je v pořádku, protože se v budoucnu vezmeme." I ženatí muži a vdané ženy otevřeně prohlašují, že mají vztah s jinými lidmi, kteří nejsou jejich manželkami nebo manželi. A co je ještě horší, věk ve kterém lidé zakoušejí sexuální vztahy, je stále nižší a nižší.

Jestliže se podíváte na zákony, které existovaly, když bylo

Mojžíšovi dáno desatero přikázání, tak lidé, kteří se dopustili skutku cizoložství, byli přísně potrestáni. Ačkoli Bůh je láska, cizoložství je nepřijatelný vážný hřích, což je důvod, proč Bůh jasně vymezuje hranice a zakazuje ho. Leviticus 20:10 prohlašuje: *„Kdo se dopustí cizoložství s ženou někoho jiného, kdo cizoloží s ženou svého bližního, musí zemřít, cizoložník i cizoložnice."* A v novozákonní době je skutek cizoložství pokládán za hřích, který ničí tělo a duši a upírá cizoložníkovi spasení.

„Což nevíte, že nespravedliví nebudou mít účast v Božím království? Nemylte se: Ani smilníci, ani modláři, ani cizoložníci, ani nemravní, ani zvrácení, ani zloději, ani lakomci, opilci, utrhači, lupiči nebudou mít účast v Božím království" (1 Korintským 6:9-10).

Pokud se nový věřící dopustí tohoto hříchu kvůli ignoranci pravdy, smí obdržet Boží milost a získat příležitost činit pokání za své hříchy. Avšak pokud někdo, kdo je pokládán za duchovně zralého věřícího s povědomím o Boží pravdě, neustane v páchání tohoto hříchu, bude pro něj těžké i obdržet ducha pokání.

Leviticus 20:13-16 mluví o hříchu v podobě sexuálních vztahů se zvířaty a o hříchu v podobě homosexuálních vztahů. Dnes a v této době existují země, které legálně akceptují homosexuální vztahy, před Bohem je to však ohavností. Někteří lidé mohou reagovat slovy: „Časy se změnily", ale nezáleží na tom, jak moc se časy mění, a nezáleží na tom, jak moc se svět mění, Boží slovo, které je pravda, se nikdy nezmění. Proto, pokud je někdo Boží dítě, neměl by se poskvrnit následováním trendů tohoto světa.

Cizoložství v mysli

Když Bůh mluví o cizoložství, nemluví pouze o skutku dopuštění se cizoložství. Skutek dopuštění se cizoložství navenek je jasný případ cizoložství, ale mít potěšení z představování si nebo sledování nemorálních aktů rovněž spadá pod kategorii cizoložství.

Žádostivé myšlenky způsobují to, že má člověk žádostivé srdce, a to je případ dopuštění se cizoložství v srdci. Ačkoliv člověk nemusí udělat nic fyzicky, tak pokud například muž uvidí ženu a dopustí se cizoložství ve svém srdci, Bůh, který se dívá do nitra srdce člověka, to pokládá za stejnou věc, jako kdyby se dopustil cizoložství fyzicky.

V Matoušovi 5:27-28 se říká: „*,Slyšeli jste, že bylo řečeno: ,Nezcizoložíš.' Já však vám pravím, že každý, kdo hledí na ženu chtivě, již s ní zcizoložil ve svém srdci.*" Potom, co hříšná myšlenka vstoupí do mysli člověka, přesune se do jeho srdce a projeví se skrze jeho skutky. Až poté, co vstoupí do srdce člověka nenávist, začne dělat věci, aby uškodil někomu jinému. A až poté, co se v lidském srdci vytvoří hněv, rozhněvá se a proklíná.

Podobně, když má člověk ve svém srdci žádostivé touhy, mohou snadno propuknout ve fyzické cizoložství. I když není patrné, zda se někdo dopouští cizoložství ve svém srdci, tak se již dopustil cizoložství, protože kořen tohoto hříchu je stejný.

Jednoho dne, během prvního roku mého studia v semináři, jsem byl velmi šokován potom, co jsem slyšel mluvit skupinu pastorů. Do této chvíle jsem měl pastory vždy velmi rád, vážil si jich a jednal s nimi, jako bych jednal s Pánem. Ale na konci velmi žhavé diskuze dospěli k rozhodnutí, že „potud, pokud to není úmyslné, není dopouštění se cizoložství v srdci hřích."

Když nám Bůh dal přikázání: „Nesesmilníš", nedal nám ho proto, že věděl, že ho dokážeme dodržet? Protože Ježíš řekl: „Já však vám pravím, že každý, kdo hledí na ženu chtivě, již s ní zcizoložil ve svém srdci," musíme jednoduše vypudit tyto hříšné touhy ze svého srdce. Nic dalšího k tomu není třeba říct. Ano, může být těžké to udělat ze svých vlastních sil, ale modlitbami a půstem můžeme získat od Boha sílu snadno vyhnat žádostivost ze svého srdce.

Ježíš nosil trnovou korunu a prolil svou krev, aby smyl hříchy, kterých se dopouštíme ve svých myšlenkách a ve své mysli. Bůh nám seslal Ducha svatého, abychom mohli také odhodit hříšnou přirozenost ve svém srdci. Co tedy konkrétně můžeme udělat, abychom vypudili žádostivost ze svého srdce?

Fáze vypuzení žádostivosti z našeho srdce

Řekněme například, že překrásná žena nebo pohledný muž projde okolo a vy si pomyslíte: „Jů, ta je ale krásná" nebo „Ten je ale šikovný", „S ní bych si rád někam vyšel" nebo „S ním bych šla ráda na rande." Ne mnoho lidí by tyto myšlenky pokládalo za chlípné nebo cizoložné. Nicméně pokud někdo tato slova řekne a opravdu je tak myslí, potom je to známka žádostivosti. Abychom odhodili i tyto zbytky žádostivosti, musíme projít procesem horlivého zbavení se tohoto hříchu.

Obvykle je to tak, že čím více se snažíte nemyslet na něco, tím více vám to vstupuje na mysl. Potom, co vidíte obraz muže a ženy, jak se dopouštějí nemorálního skutku ve filmu, obraz vám nejde z hlavy. Namísto toho si obraz s vaší myslí pohrává stále znovu a znovu. V závislosti na tom, jak silně se obraz vštípil do vašeho srdce, tím déle má tendence setrvávat ve vaší paměti.

Co tedy potom můžeme udělat, abychom vyhnali tyto žádostivé myšlenky z naší mysli? Nejdříve ze všeho musíme vyvinout veškeré potřebné úsilí k tomu, abychom se vyhnuli hrám, časopisům a podobným věcem, které si v sobě nesou obrázky lákající nás k žádostivým myšlenkám. A když žádostivá myšlenka vstoupí do naší mysli, musíme zamezit směru, kterým se budou naše myšlenky ubírat. Řekněme, že vám vyskočí v hlavě žádostivá myšlenka. Namísto toho, abyste ji nechali rozvinout, byste se měli snažit tuto myšlenku ihned zastavit.

Potom, zatímco měníte tyto druhy myšlenek na ty, které jsou dobré, pravdivé a líbí se Bohu, pravidelně se modlíte a prosíte o Boží pomoc, vám Bůh s určitostí dá sílu zahnat tento druh pokušení. Do té míry, do jaké jste svolní a horlivě se modlíte, na vás sestoupí Boží milost a síla. S pomocí Ducha svatého pak dokážete tyto hříšné myšlenky zapudit.

Důležitá věc, na kterou byste měli pamatovat, je, že byste neměli po jednom nebo dvou pokusech přestat. Musíte pokračovat v modlitbách s vírou až do hořkého konce. Může to zabrat měsíc, rok nebo dokonce dva až tři roky. Ale ať to bude jakkoliv zdlouhavé, měli byste vždy důvěřovat Bohu a neustále se modlit. Potom vám Bůh dá sílu jednoho dne porazit a zapudit žádostivost ze svého srdce jednou provždy.

Jakmile projdete fází, kdy dokážete „Zastavit špatné myšlenky", potom vstoupíte do fáze, kdy dokážete „Ovládat své srdce." V této fázi, třebaže uvidíte chlípný obrázek, tak rozhodnete-li se v srdci: „Raději bych o tom neměl přemýšlet," potom myšlenka znovu nevstoupí do vaší mysli. Cizoložství v srdci prochází kombinací myšlenek a pocitů a dokážete-li ovládat své myšlenky, pak hříchy, které pocházejí z těchto myšlenek, nebudou mít šanci vstoupit do vašeho srdce.

Další fáze je pak ta, kdy se už „Nepatřičné myšlenky prostě neobjevují" vůbec. I když uvidíte chlípný obrázek, vaše mysl už jím není ovlivněna a žádostivost tak nemůže vstoupit do vašeho srdce. Pak nastupuje fáze, kdy „Nemáte dokonce ani úmyslně nepatřičné myšlenky."

Jakmile se dostanete do této fáze, tak třebaže se i snažíte mít žádostivé myšlenky, prostě na ně nedojde. Protože jste vytrhli tento hřích ven i s kořeny, tak i když uvidíte obrázek provokující k žádostivosti, nemáte v souvislosti s ním žádné myšlenky ani pocity. To znamená, že zvrácené – nebo bezbožné – obrázky už nemohou vstoupit do vaší mysli.

Samozřejmě, že zatímco procházíte fázemi vypuzení tohoto hříchu, mohou nastat chvíle, kdy si myslíte, že jste všechno zavrhli, ale hřích se k vám vplíží nějakým způsobem zpět.

Pokud však věříte v Boží slovo a máte touhu zachovávat jeho přikázání a odhodit své hříchy, nebudete ve svém chození ve víře stagnovat. Je to jako loupat cibuli. Když oloupete jednu nebo dvě vrstvy, může se zdát, že vrstvy nikdy neskončí, ale jen o několik vrstev později si uvědomíte, že jste oloupali všechny vrstvy.

Věřící, kteří se na sebe dívají s vírou, nebudou zklamáni a myslet si: „Tak moc jsem se snažil, ale pořád nedokážu odhodit svou hříšnou přirozenost." Naopak budou mít víru, že se změní, a to do té míry, že se budou snažit odhodit své hříchy. S tímto na mysli se budou snažit o to usilovněji. Pokud si uvědomíte, že stále máte tuto hříšnou přirozenost, měli byste být spíše vděční, že nyní máte příležitost se jí zbavit.

Vstoupí-li do vaší mysli, zatímco procházíte fázemi vypuzení žádostivosti ze svého života, na jednu sekundu žádostivá myšlenka, netrapte se. Bůh to nebude pokládat za dopuštění se cizoložství. Jestliže v ní setrváte a necháte ji dále rozvíjet, potom se stane velikým hříchem, ale pokud neprodleně činíte pokání a pokračujete ve svém úsilí stát se posvěcenými, Bůh na vás shlédne s milosrdenstvím a dá vám moc zvítězit nad tímto hříchem.

Dopuštění se duchovního cizoložství

Dopuštění se tělesného cizoložství je interpretováno jako dopuštění se cizoložství tělem, ale ještě vážnější než dopuštění se fyzického cizoložství, je dopuštění se duchovního cizoložství. „Duchovní cizoložství" je, když člověk prohlásí, že je věřící, a přesto miluje svět více než Boha. Pokud o tom přemýšlíte, základním důvodem pro to, že se člověk dopustí fyzického cizoložství, je ten, že má ve svém srdci větší lásku k tělesným potěšením než lásku k Bohu.

V Koloským 3:5-6 čteme: *„Proto umrtvujte své pozemské sklony: smilstvo, necudnost, vášeň, zlou touhu a hrabivost, která je modloslužbou. Pro takové věci přichází Boží hněv."* To znamená, že i když dostaneme Ducha svatého, zakusíme Boží zázraky a máme víru, tak pokud ze svého srdce nevyženeme hrabivost a přílišné touhy, potom budeme náchylní k tomu milovat věci světa více než Boha.

Z druhého přikázání jsme se dozvěděli, že duchovní

interpretace modloslužby je milovat něco více než Boha. Jaký je tedy rozdíl mezi „duchovní modloslužbou" a „duchovním cizoložstvím"?

Modloslužba je, když si lidé, kteří neznají Boha, vytvoří nějaký druh vyobrazení a uctívají ho. Duchovní interpretace „modloslužby" je, když věřící se slabou vírou milují věci světa více než Boha.

Protože někteří noví věřící mají stále slabou víru, je pro ně možné milovat svět více než Boha. Mohou mít otázky typu: „Opravdu Bůh existuje?" nebo: „Opravdu existuje nebe a peklo?" Protože v nich panují stále pochybnosti, je pro ně těžké žít podle Božího slova. Pořád mohou milovat peníze, slávu nebo svou rodinu více než Boha, a proto se dopouštějí duchovní modloslužby.

Nicméně, přitom jak stále více poslouchají slovo, modlí se a zakoušejí, jak Bůh odpovídá na jejich modlitby, začínají si uvědomovat, že Bible je pravdivá. A potom dokážou uvěřit, že nebe a peklo opravdu existují. Následně si uvědomí důvod, proč potřebují milovat nejprve a především Boha. Pokud jejich víra takto roste a oni stále pokračují v tom, že milují věci tohoto světa a honí se za nimi, potom se dopouštějí „duchovního cizoložství."

Dejme tomu, že je tu muž, který má prostou myšlenku: „Bylo by hezké se oženit s touto ženou" a potom se stane, že se tato žena vdá za nějakého jiného muže. V takovém případě nemůžeme říct, že by se tato žena dopustila cizoložství. A to z toho důvodu, že se muž, který měl toužebnou myšlenku, jednoduše zamiloval, ale žena s tímto mužem neměla žádný vztah. Proto nemůžeme říct, že se dopustila cizoložství. Abychom byli přesnější, tato žena byla jen modlou v srdci tohoto muže.

Naopak, kdyby spolu tento muž a žena chodili na rande, navzájem si vyznali lásku a uzavřeli manželství, a potom by žena měla nemorální vztah s jiným mužem, bylo by to pokládáno za cizoložství. A tak můžete vidět, že duchovní modloslužba a duchovní cizoložství se sobě zdánlivě podobají, ale jsou to dvě velmi různé věci.

Vztah mezi Izraelity a Bohem

Bible přirovnává vztah mezi Izraelity a Bohem ke vztahu mezi otcem a jeho dětmi. Tento vztah se rovněž připodobňuje ke vztahu manžela a manželky. To proto, že je jejich vztah jako vztah páru, který uzavřel smlouvu z lásky. Nicméně pokud se podíváte do historie Izraele, mnohokrát se stalo, že izraelský lid zapomněl na tuto smlouvu a uctíval cizí bohy.

Pohané uctívali modly, protože neznali Boha, ale Izraelité navzdory skutečnosti, že znali Boha velmi dobře už od počátku, uctívali cizí modly ze svých vlastních sobeckých tužeb.

To je důvod, proč se v 1 Paralipomenon 5:25 říká: „*Avšak zpronevěřili se Bohu svých otců a smilnili s božstvy národů země, které Bůh před nimi vyhladil,*" což znamená, že uctívání model Izraelity bylo ve skutečnosti duchovní cizoložství.

V Jeremjáši 3:8 čteme: „*Pro všechno cizoložství, jehož se ta izraelská odpadlice dopustila, jsem se rozhodl, že ji propustím, a dal jsem jí rozlukový list. Ale její sestra, judská věrolomnice, se nebála, šla a smilnila také.*" V důsledku Šalomounova hříchu se během vlády jeho syna, Rechabeáma, Izrael rozdělil na severní Izrael a jižní Judu. Krátce po tomto rozdělení se severní Izrael dopouštěl cizoložství v podobě uctívání model. V důsledku toho se ho Bůh zřekl a byl zničen Božím hněvem. Následně i jižní Juda, přestože viděli, co všechno se stalo severnímu Izraeli, namísto pokání pokračovala v uctívání svých model.

Všechny Boží děti žijící v novozákonní době jsou nevěsty Ježíše Krista. To je důvod, proč apoštol Pavel vyznal, že co se týče setkání s Pánem, usilovně pracoval na tom, aby připravil věřící jako čisté nevěsty pro Krista, který je jejich manželem (2 Korintským 11:2).

A tak pokud věřící nazývá Pána „Můj ženich", zatímco neustále miluje svět a žije mimo pravdu, potom se dopouští duchovního cizoložství (Jakubův 4:4). Pokud manžel (manželka) zradí svou choť (svého chotě) a dopustí se fyzického cizoložství, je to strašlivý hřích, který je těžké odpustit. Zradí-li někdo Boha a Pána a dopustí se duchovního cizoložství, o co strašlivější je jeho hřích?

V 11. kapitole Jeremjáše můžeme vidět Boha, jak říká Jeremjášovi, aby se nemodlil za Izrael, protože izraelský lid odmítl ustat v páchání duchovního cizoložství. Dokonce zachází ještě dále a říká, že i kdyby k němu izraelský lid volal, nevyslyší ho.

A tak v případě, že závažnost duchovního cizoložství dosáhne určitého bodu, potom člověk, který se ho dopouští, neuslyší hlas Ducha svatého. Bez ohledu na to, jak usilovně se bude modlit, Bůh na jeho modlitby neodpoví. S tím, jak se začne vzdalovat od Boha, stává se světštějším a nakonec končí tím, že se dopouští vážných hříchů, které vedou ke smrti – hříchů jako je fyzické cizoložství. Jak je zaznamenáno v 6. nebo 10. kapitole Židům, je to jako opětovné křižování Ježíše Krista, a tudíž kráčení po cestě smrti.

Zavrhněme proto hříchy dopouštění se cizoložství v duchu, mysli nebo tělem a svým svatým chováním splňme předpoklady stát se Pánovou nevěstou – bez vady a bez poskvrny – a veďme požehnaný život, který přináší radost Otcovu srdci.

Kapitola 9
Osmé přikázání

„Nepokradeš"

Exodus 20:15

„*Nepokradeš.*"

Poslušnost desateru přikázání přímo ovlivňuje naše spasení a naši schopnost zvítězit nad nepřítelem ďáblem a satanem, přemoci ho a vládnout nad ním. Pro Izraelity poslušnost nebo neposlušnost desatera přikázání určovala, zda byli nebo nebyli Božím vyvoleným lidem.

Podobně pro nás, kteří jsme se stali Božími dětmi, určuje to, zda zachováváme nebo nezachováváme Boží slovo, zda jsme spaseni nebo ne. To proto, že naše poslušnost Božím nařízením vytváří normu pro naši víru. A tak je poslušnost desateru přikázání spjata s naším spasením a tato přikázání jsou pro nás rovněž Božím zaopatřením lásky a požehnání.

„Nepokradeš."

Jedno staré korejské přísloví říká: „Zloděj jehel se později stane zlodějem krav." To znamená, že když se někdo dopustí drobného zločinu a není potrestán, potom negativní skutek zopakuje a brzy to může skončit tím, že se dopustí mnohem vážnějšího zločinu s nedozírnými, negativními následky. Proto nás Bůh varuje: „Nepokradeš."

Toto je zpráva muže jménem Fu Pu-ch'i, který byl nazýván „Tsze-tsien" nebo „Tzu-chien", jednoho z učedníků Konfucia a velitele Tan-fu ve Státě Lu během období Jar a podzimů (Chunqiu) a období Válčících států. Přišly zprávy, že vojáci sousedního Státu Qi se chystají k útoku a Fu Pu-ch'i proto nařídil, aby byly hradby království pevně uzavřeny. Přihodilo se to v období sklizně, a tak byla úroda na polích farmářů zralá ke sklizni. Lidé se ptali: „Než uzavřeme hradby, můžeme sklidit úrodu na polích dříve, než nepřátelé dorazí?" Aniž by věnoval sebemenší pozornost prosbě lidí, nechal Fu Pu-ch'i uzavřít hradby. Potom začali mít lidé na Fu Pu-ch'iho vztek a prohlašovali, že je zastáncem nepřítele, a tak byl předvolán ke králi ke slyšení. Když se ho král vyptával na jeho jednání, Fu Pu-ch'i odpověděl: „Ano, vezmou-li nám nepřátelé všechnu naši úrodu, bude to pro nás velká ztráta, ale pokud si naši lidé zvyknou ve spěchu na to sbírat úrodu z polí, která jim nepatří, bude těžké je tohoto zvyku zbavit i po deseti letech." Tímto prohlášením si Fu Pu-ch'i vysloužil velikou úctu a obdiv krále.

Fu Pu-ch'i nemohl nechat lid sklidit úrodu, jak si přáli, protože kdyby se naučili nějakým způsobem ospravedlnit své jednání krádeže z pole někoho jiného, potom by trvalé následky mohly být v dlouhodobém horizontu pro lid a jejich království daleko škodlivější. A tak „krást" znamená řešit něco špatným způsobem se špatnou motivací, vzít něco, co nám nepatří nebo tajně vlastnit majetek někoho druhého.

Avšak „krádež", o které mluví Bůh, má také hlubší a širší duchovní interpretaci. Co je tedy obsaženo ve významu „krádež" v osmém přikázání?

Vzít věc náležející někomu jinému: fyzická definice krádeže

Bible výslovně zakazuje krádež a nastiňuje přesná pravidla toho, co by se mělo udělat, když někdo krade (Exodus 22).

Jestliže se v majetku zloděje nalezne ukradené zvíře živé, musí zloděj splatit dvojnásobnou náhradu toho, co vzal. Když někdo ukradne zvíře a porazí jej nebo prodá, dá majiteli náhradou za býka pět kusů hovězího dobytka a za beránka čtyři ovce.

Nezáleží na tom, o jak malou věc jde, vzít si věc někoho jiného je krádež, kterou spravedlivá společnost klasifikuje jako zločin a za kterou jsou přesně stanovené tresty.

Mimo zřejmé případy krádeže existují případy, kdy lidé mohou krást tím, že jsou nedbalí. V našem každodenním životě může být například naším zvykem používat věci jiných lidí, aniž bychom se zeptali a aniž bychom o tom vůbec přemýšleli. Dokonce se ani necítíme provinile, že je používáme bez dovolení, protože jsme buď dané osobě blízcí, nebo není věc, kterou používáme, moc hodnotná.

Je to stejné, jako když používáme věci našeho manžela nebo manželky bez dovolení. Dokonce i v nevyhnutelné situaci, pokud použijeme něčí věci bez dovolení, tak jakmile skončíme, měli bychom je neprodleně vrátit. Nicméně, mnohokrát je nevrátíme vůbec.

To nejenom někomu způsobí ztrátu, je to skutek neúcty k danému člověku. Třebaže nemusí být pokládán za vážný zločin podle zákonů společnosti, v Božích očích jde o krádež. Pokud má někdo opravdu čisté svědomí a něco si od někoho bez dovolení vezme – bez ohledu na to, jak malé či bezcenné to je – bude se cítit provinile.

Dokonce, i když nekrademe ani si nebereme něco násilím, tak pokud získáme věc někoho jiného nesprávným způsobem, stále je to pokládáno za krádež. Využití svého postavení nebo moci k získání úplatku by také spadalo do této kategorie. Exodus 23:8 varuje: *„Nebudeš brát úplatek, neboť úplatek oslepuje i ty, kdo mají oči otevřené, a vede k překrucování záležitostí spravedlivých."*

Prodejci s dobrým srdcem se budou cítit provinile, když dají svým zákazníkům příliš vysokou cenu, aby pro sebe vyzískali co největší zisk. Třebaže tajně neukradli věc někoho jiného, toto jednání je přesto pokládáno za krádež, protože si vzali víc než spravedlivý podíl.

Duchovní krádež: Vzít si, co náleží Bohu

Mimo „krádež", kdy něco vezmete druhému člověku bez jeho svolení, existuje také „duchovní krádež", kdy něco vezmete Bohu bez dovolení. To může ve skutečnosti ovlivnit spasení člověka.

Jidáš Iškariotský, jeden z Ježíšových učedníků, měl na starosti hospodaření se všemi dary, které lidé dali Ježíši potom, co je uzdravil nebo jim požehnal. Avšak postupem času vstoupila do jeho srdce chtivost a on začal krást (Jan 12:6).

Ve 12. kapitole Janova evangelia, kdy Ježíš navštěvuje Šimonův dům v Betanii, se stáváme svědky scény, kdy přijde žena a vylije na Ježíše parfém. Potom, co to Jidáš uviděl, pokáral ji a zeptal se, proč se parfém neprodal a peníze se nedaly chudým. Kdyby se drahý parfém prodal, potom by si on jako strážce pokladnice mohl dopomoci k těmto penězům, ale protože žena vylila parfém na Ježíšovy nohy, vnímal to, jako by se promrhala velmi výnosná věc.

Nakonec Jidáš, který se stal otrokem peněz, prodal Ježíše za třicet stříbrných mincí. Ačkoliv měl příležitost proslavit se jako jeden z Ježíšových učedníků, okradl namísto toho Boha a zaprodal svého učitele, čímž na sebe navršil své hříchy. Naneštěstí nemohl získat ani ducha pokání předtím, než si vzal svůj vlastní život a šel vstříc svému žalostnému konci (Skutky 1:18).

To je důvod, proč se potřebujeme blíže podívat na to, co se stane, okrádá-li někdo Boha.

První případ je, když někdo vloží ruce na církevní pokladnici.

I když se stane, že je zloděj nevěřící, tak pokud krade něco z církevní budovy, je svázán pocitem jakéhosi vnitřního strachu ve svém srdci. Pokud však vloží své ruce na Boží peníze věřící člověk, jak může říct, že má víru získat spasení?

Třebaže to lidé nikdy nezjistí, Bůh vidí všechno, a když nastane ten správný čas, vykoná svůj spravedlivý soud a zloděj bude muset zaplatit za svůj hřích trestem. Jak strašné by bylo, kdyby zloděj nedokázal činit pokání ze svých hříchů a zemřel by, aniž by získal spasení? V té chvíli, bez ohledu na to, jak hodně se bude bít do prsou a litovat svých činů, bude příliš pozdě. Neměl se dotýkat Božích peněz už od samého začátku.

Druhý případ je, když někdo zneužije věci náležející církvi nebo zneužije církevní peníze.

I když někdo neukrade přímo finance, tak pokud zneužije peníze vybrané na výlohy členů misijní skupiny nebo jiné dary určené k jejich osobnímu použití, jedná se o stejnou věc jako o okrádání Boha. O krádež se rovněž jedná, pokud někdo koupí kancelářské potřeby nebo stacionář za církevní peníze a používá je pro své osobní potřeby.

Plýtvání církevními potřebami, vybírání církevních fondů na nákup potřeb a používání zbylých drobných na jiné účely namísto jejich vrácení zpět do církve nebo používání církevního telefonu, elektřiny, vybavení, nábytku nebo jiných věcí pro osobní použití bez uvážení dle libosti jsou také formy špatného zacházení s církevními penězi.

Musíme se rovněž postarat o to, aby děti při zábavě nebo hře nezohýbaly ani neroztrhaly obálky na finanční dary, církevní zpravodaje nebo noviny. Někdo se může domnívat, že to jsou drobné nebo bezvýznamné přečiny, ale na duchovní úrovni je to v základě okrádání Boha a tyto skutky se mohou stát hradbou z hříchů mezi námi a Bohem.

Třetí případ je krádež desátků a finančních darů.

V Malachiáši 3:8-9 se říká: *„Smí člověk okrádat Boha? Vy mě okrádáte. Ptáte se: ,Jak tě okrádáme?' Na desátcích a na obětech pozdvihování. Jste stiženi kletbou proto, že mě okrádáte, celý ten pronárod!"*

Dávání desátků je dávání Bohu desetiny z našich výdělků na důkaz toho, že jsme srozuměni s tím, že je Pánem nad všemi materiálními věcmi a že střeží naše životy. To je důvod, proč pokud řekneme, že věříme v Boha a přesto nedáváme desátky, okrádáme Boha a do našich životů se může vplížit kletba. To neznamená, že nás Bůh proklejí. To znamená, že když nás satan obviní z tohoto provinění, Bůh nás nemůže ochránit, protože ve skutečnosti porušujeme Boží duchovní zákon. Proto můžeme zakoušet finanční problémy, pokušení, náhlá neštěstí nebo nemoci.

Ale jak se říká v Malachiáši 3:10: *„,Přinášejte do mých skladů úplné desátky. Až bude ta potrava v mém domě, pak to* se mnou zkuste,' praví Hospodin zástupů: ,Neotevřu vám snad nebeské průduchy a nevyleji na vás požehnání?'" Když dáváme řádné desátky, můžeme obdržet Boží zaslíbené požehnání a ochranu.

Existují lidé, kteří nezískají Boží ochranu, protože nedávají celé desátky. Aniž by lidé brali v úvahu další zdroje příjmů, počítají své desátky ze své čisté mzdy namísto ze svého hrubého platu a to potom, co odečtou všechny odpočty a daně. Ale řádné desátky znamená dát Bohu desetinu z celého našeho příjmu. Příjem z vedlejšího podnikání, peněžní dary, pozvání na večeři nebo dary jsou všechno osobní zisky, a tak bychom měli počítat jednu desetinu z hodnoty těchto typů výdělku a odvést z nich řádné desátky.

V některých případech lidé počítají své desátky, ale přinášejí je Bohu jako jiný typ oběti, jako dary misionářům nebo dary z dobré vůle. To je však stále pokládáno za okrádání Boha, protože to není řádný desátek. Jak církev používá finanční dary, je na finančním oddělení církve. Na nás je dávat své desátky pod správným zařazením finančních darů.

Můžeme dávat také další dary jako oběti díků. Boží děti toho mají tolik, za co mohou děkovat. Díky daru spasení můžeme jít do nebe, různými povinnostmi v církvi můžeme sklízet odměnu v nebi a zatímco žijeme zde na zemi, dostává se nám Boží ochrany a požehnání, takže bychom měli být vděční!

To je důvod, proč každou neděli přicházíme před Boha s různými dary díků a děkujeme Bohu za to, že nás ochránil další týden. A na biblických slavnostech a při jiných událostech, kdy máme zvláštní důvod k poděkování Bohu, dáváme stranou zvláštní dar a předkládáme ho Bohu.

Co se týče vztahů s ostatními lidmi, tak když nám někdo pomůže nebo nám poslouží nějakým zvláštním způsobem, necítíme pouze vděčnost ve svém srdci, chceme mu na oplátku i něco dát. Stejným způsobem je pouze přirozené, že chceme nabídnout něco Bohu, abychom mu projevili, že si ceníme toho, že nám dává spasení a připravuje pro nás nebe (Matouš 6:21).

Pokud někdo říká, že má víru a přesto je lakomý dávat Bohu, znamená to, že je stále chtivý po materiálních věcech. To ukazuje na to, že miluje materiální věci více než Boha. To je také důvod, proč Matouš 6:24 říká: *„Nikdo nemůže sloužit dvěma pánům. Neboť jednoho bude nenávidět a druhého milovat, k jednomu se přidá a druhým potom pohrdne. Nemůžete sloužit Bohu i majetku.“*

Jsme-li zralí křesťané, a přesto milujeme materiální věci více než Boha, potom je pro nás mnohem snazší upadnout ve své víře než jít vpřed. Milost, kterou jsme jednou obdrželi, se stává dávno ztracenou pamětí, důvody pro vděčnost se smrskávají a dříve, než to zaznamenáme, se naše víra scvrkne až do bodu, kdy je v ohrožení naše spasení.

Bohu se líbí vůně oběti pravého díkůvzdání a víry. Každý z nás má jinou míru víry a Bůh zná situaci každého člověka a vidí do nitra srdce každého člověka. A tak to není velikost nebo množství oběti, na které mu záleží. Vzpomeňte si na to, jak Ježíš pochválil vdovu, která dala dvě drobné mince, které byly vším, z čeho měla být živa (Lukáš 21:2-4).

Když se Bohu takto zalíbíme, požehná nám mnohým požehnáním a důvody, proč být vděční, takže nám dary, které dáváme, budou připadat nesrovnatelné s požehnáním, kterého se nám od něj dostane. Bůh zajistí, aby se naší duši dobře dařilo, a požehná nám, takže budou naše životy oplývat ještě více důvody, proč být vděční. Bůh nám požehná třicetinásobně, šedesátinásobně nebo stonásobně toho, co jsme mu dali.

Potom, co jsem přijal Krista, tak jakmile jsem se dozvěděl, že bychom měli dávat Bohu řádné desátky a dary, ihned jsem uposlechl. Během sedmi let, kdy jsem byl upoutaný na lůžko, se mi nakupilo mnoho dluhů, ale protože jsem byl tak moc vděčný, že mě Bůh uzdravil z mých slabostí, vždy jsem Bohu přinášel tolik, kolik jsem jen mohl. Třebaže jsme moje žena a já oba usilovně pracovali, stěží jsme spláceli úrok na našem dluhu. Přesto jsme nikdy nešli na bohoslužbu s prázdnýma rukama.

Když jsme uvěřili ve všemohoucího Boha a poslechli jeho Slovo, pomohl nám splatit náš přehojný dluh v pouhých několika měsících. A časem jsme mohli zakusit, jak na nás Bůh vylévá nekončící požehnání, takže jsme mohli žít v hojnosti.

Čtvrtý případ je krádež Božích slov.

Krádež Božích slov znamená vyřknout falešné proroctví v Božím jménu (Jeremjáš 23:30-32). Existují lidé, kteří kradou Boží slova tím, že řeknou, že slyšeli Boží hlas a mluví o budoucnosti jako ten, kdo předpovídá budoucnost, nebo řeknou člověku, kterému se opakovaně nedaří v podnikání, že: „Bůh dopustil, aby se ti nedařilo ve tvém podnikání, protože se máš stát pastorem namísto toho, abys podnikal."

Za krádež Božích slov se rovněž považuje, když má někdo sen nebo vidění odvozené od svých vlastních myšlenek a řekne: „Bůh mi dal tento sen" nebo „Bůh mi dal toto vidění." To rovněž spadá do kategorie zneužívání Božího jména.

Samozřejmě, že porozumění Boží vůli skrze působení Ducha svatého a prohlašování Boží vůle je dobré, ale abychom to dělali správně, potřebujeme prověřit, zda jsme před Bohem přijatelní. To proto, že Bůh nebude promlouvat jen tak ke každému. Může promlouvat pouze k těm, kteří postrádají zlo ve svém srdci. To je důvod, proč se potřebujeme ujistit o tom, že nejsme ani na té nejnepatrnější cestě k tomu, abychom kradli Boží slova, zatímco jsme pohrouženi do svých vlastních myšlenek.

Kromě toho, pokud někdy cítíme výčitky svědomí, stud nebo rozpaky, když něco vezmeme nebo něco uděláme, je to znamení, že bychom se měli zkoumat. Důvod, proč v nás hlodá svědomí, spočívá v tom, že můžeme z našich vlastních sobeckých motivů vzít něco, co nám nepatří a Duch svatý uvnitř nás se rmoutí.

Například, i když nic neukrademe, tak dostaneme-li mzdu i potom, co jsme jen líně pracovali nebo přijmeme-li povinnost nebo úkol v církvi, ale neplníme si své zodpovědnosti, tak bychom za předpokladu, že máme dobré srdce, měli cítit výčitky svědomí.

Rovněž, pokud člověk oddaný Bohu marní čas, který je oddělen pro Boha a způsobí ztrátu času Božímu království, krade čas. Nejenom s Bohem, ale také v práci nebo v neformálním prostředí se potřebujeme ujistit, že jsme přesní, abychom nezpůsobili ztrátu druhým plýtváním jejich času.

Proto bychom se vždy měli zkoumat, abychom se ujistili, že se nedopouštíme hříchu krádeže jakýmkoli způsobem a odhodit sobectví a chamtivost ze své mysli a ze svého srdce. S čistým svědomím bychom pak měli usilovat o to, abychom dosáhli pravdivého a upřímného srdce před Bohem.

Kapitola 10

Deváté přikázání

„Nevydáš proti svému bližnímu křivé svědectví"

Exodus 20:16

„Nevydáš proti svému bližnímu křivé svědectví."

Byla noc, kdy byl Ježíš zatčen. Zatímco Petr seděl venku v nádvoří, kde byl Ježíš vyslýchán, jedna služka mu řekla: „I ty jsi byl s tím Galilejským Ježíšem!" Na to překvapený Petr odsekl: „Nevím, co mluvíš" (Matouš 26).
Petr nezapřel Ježíše opravdově z hloubi svého srdce – lhal kvůli náhlé záplavě strachu. Právě po této události Petr vyšel ven, uhodil hlavou o zem a hořce se rozplakal. Později, když Ježíš nesl kříž nahoru na Golgotu, mohl to Petr jen z povzdálí sledovat, zahanbený a neschopný byť jen pozvednout hlavu.

Ačkoli se toto všechno stalo předtím, než Petr obdržel Ducha svatého, tak jen kvůli této lži se neodvážil nechat ukřižovat ve vztyčené poloze jako Ježíš. I potom, co obdržel Ducha svatého a obětoval celý svůj život jeho službě, se tak velmi styděl za chvíli, kdy zapřel Ježíše, že nakonec dobrovolně nabídl, aby ho ukřižovali vzhůru nohama.

„Nevydáš proti svému bližnímu křivé svědectví"

Mezi slovy, která lidé denně říkají, jsou slova, která jsou velmi důležitá, zatímco jiná slova jsou naprosto bezvýznamná. Některá slova jsou nesmyslná a některá slova jsou zlá slova, která buď zraní, nebo oklamou druhé lidi.

Lži jsou zlá slova, která se odchylují od pravdy. Ačkoliv to nepřipouštějí, mnoho lidí říká bezpočet lží každý den – jak velkých, tak malých. Někteří lidé hrdě říkají: „Já nelžu," ale aniž by to věděli, nevědomky stojí na vrcholu hory lží. Špína, svinstvo a nepořádek mohou být skryty ve tmě. Nicméně pokud do prostoru zasvítí jasné světlo, i to nejmenší smítko prachu nebo skvrnka špíny jdou jasně vidět. Podobně je Bůh, který je pravda samotná, jako světlo a vidí mnoho lidí říkat neustále lži.

To je důvod, proč nám Bůh v devátém přikázání říká, abychom nevydávali křivé svědectví proti svému bližnímu. Slovo „bližní" zde znamená rodiče, bratry, děti – kohokoli jiného než nás samotné. Prozkoumejme tedy ve třech částech, jak Bůh definuje „křivé svědectví."

Za prvé, „vydat křivé svědectví" znamená mluvit o vašem bližním nepravdivým způsobem.

Jak strašné může být vydat křivé svědectví, můžeme například vidět, když pozorujeme přelíčení u soudu. Protože výpověď svědka přímo ovlivňuje konečný rozsudek, může i to nejnepatrnější gesto potvrzení způsobit veliké neštěstí nevinnému člověku a situace se může stát věcí života a smrti.

Aby se zabránilo zneužití postavení svědka nebo nekalým praktikám křivých svědectví, Bůh nařídil, aby soudci vyslechli mnoho různých svědectví, aby správně porozuměli všem aspektům případu a mohli vydat moudrý a rozvážný rozsudek.

To je důvod, proč nařídil těm, kdo svědčí a těm, kdo soudí, aby tak činili s rozvážností a obezřetností.

V Deuteronomiu 19:15 Bůh říká: *"Nepovstane jen jediný svědek proti někomu v jakémkoli zločinu, v jakémkoli prohřešku a při jakémkoli hříchu, jehož se někdo dopustil. Soudní výrok bude vynesen podle výpovědi dvou nebo tří svědků."* Pokračuje dál k veršům 16-20: *"Zjistí-li, že je to křivý svědek, že nařkl svého bratra křivě,"* potom by měl být potrestán tak, jak on zamýšlel učinit svému bratru.

Stranou vážných případů jako je tento, kdy jeden člověk způsobí druhému člověku velikou ztrátu, existuje mnoho jiných případů, kdy lidé říkají tu a tam malé lži o svých bližních ve svém každodenním životě. Třebaže člověk nelže o svém bližním, tak pokud nezjeví pravdu v situaci, kdy by měl vypovědět pravdu na obranu svého bližního, může to být rovněž pokládáno za vydání křivého svědectví.

Pokud byl druhý člověk obviněn z něčeho špatného, co jsme udělali my a my ze strachu, že se sami dostaneme do potíží, nepromluvíme, tak jak potom můžeme mít čisté svědomí? Ano, Bůh nám nařizuje nelhat, ale také nám nařizuje, abychom měli čestné srdce, aby naše slova a skutky odrážely integritu a pravdu.

Co si potom Bůh myslí o „malých bílých lžích", které říkáme, abychom někoho utěšili nebo aby se cítil lépe?

Například můžeme navštívit přítele a on se nás zeptá: „Jedl jsi?" A i když jsme nejedli, odpovíme: „Ano, jedl," abychom ho neobtěžovali. Nicméně, v tomto případě bychom přeci měli říct pravdu se slovy: „Ne, nejedl jsem, ale teď si nic k jídlu nedám, děkuji."

Dokonce i v Bibli nalezneme příklady „malých bílých lží."

V 1. kapitole knihy Exodus se vyskytuje scéna, kdy je egyptský král velmi nesvůj, protože se synové Izraele velmi rozmnožili a vydává hebrejským porodním bábám zvláštní rozkaz. Říká jim: *„Když budete pomáhat Hebrejkám při porodu a při slehnutí zjistíte, že to je syn, usmrťte jej; bude-li to dcera, ať si je naživu"* (v. 16).

Avšak porodní báby se bály Boha a egyptského krále neposlechly, nechávaly hochy naživu. Když si král porodní báby předvolal a zeptal se: „Co to děláte, že necháváte hochy naživu?" Odvětily: „Hebrejky nejsou jako ženy egyptské; jsou plné života. Porodí dříve, než k nim porodní bába přijde."

Rovněž, když první izraelský král, Saul, začal žárlit na Davida a pokoušel se ho zabít, protože ho lid miloval více než jeho samotného, Saulův syn Jónatan ho obelstil, aby zachránil Davidův život.

V tomto případě, kdy lidé lžou výhradně ve prospěch druhého člověka, skutečně z dobré vůle a ne ze svých vlastních sobeckých motivů, Bůh je automaticky nepotrestá a neřekne: „Ty jsi lhal." Zrovna jako v případě hebrejských porodních bab jim prokáže milost, protože se snažili zachránit životy s dobrým záměrem. Avšak dosáhnou-li lidé úrovně úplné dobroty, dokážou se dotknout srdce nepřítele nebo člověka, se kterým jednají, aniž by museli použít „malou bílou lež."

Za druhé, přidávání nebo ubírání slov při předávání sdělení je jiná forma vydání křivého svědectví.

To je případ, kdy předáte sdělení o někom způsobem, který překrucuje pravdu – možná protože jste přidali své vlastní myšlenky nebo pocity nebo jste vynechali určitá slova. Většina lidí funguje tak, že když jim někdo něco řekne, poslouchají se subjektivníma ušima, to znamená, že vnímání informací velmi závisí na jejich vlastních emocích a zkušenostech z minulosti. To je také důvod, že když se předává určitá informace z jednoho člověka na druhého, původní zamýšlené sdělení mluvčího se snadno ztratí.

Avšak třebaže se každé jednotlivé slovo – interpunkce a všechno – předá přesně, tak v závislosti na intonaci nebo důrazu mluvčího na konkrétní slova se význam nevyhnutelně změní. Například je velký rozdíl mezi tím, když se někdo laskavě zeptá svého přítele: „Proč?" a tím, když někdo s divokým výrazem ve tváři na svého nepřítele zakřičí: „Proč?!"

To je důvod, proč se kdykoli, když někoho posloucháme, musíme snažit porozumět tomu, co říká, aniž bychom k jeho sdělení přikládali jakékoli osobní pocity. Stejné pravidlo se uplatňuje, když mluvíme s druhými my. Měli bychom udělat vše, co je v našich silách, abychom přesně předali původní myšlenku mluvčího – jeho zamýšlený význam a všechno, co k tomu patří.

Kromě toho, pokud je obsah sdělení nepravdivý nebo není pro posluchače nezbytně užitečný, tak i když můžeme předat sdělení přesně, je lepší, nepředáme-li ho vůbec. To proto, že třebaže ho předáme s dobrými úmysly, strana příjemce může být zraněna nebo se může urazit. Následně vše může skončit tím, že vyvoláme spory mezi lidmi.

V Matoušovi 12:36-37 čteme: *„Pravím vám, že z každého planého slova, jež lidé promluví, budou skládat účty v den soudu. Neboť podle svých slov budeš ospravedlněn a podle svých slov odsouzen.“* Proto bychom se měli zdržet slov, která nejsou vyřčena v pravdě nebo lásce v Pánu. To se vztahuje také na to, jak bychom měli naslouchat slovům.

Za třetí, souzení a kritizování druhých, aniž bychom opravdu rozuměli jejich srdci, je také forma vydání křivého svědectví proti bližnímu.

Docela často si lidé udělají vlastní úsudek o něčím srdci nebo záměrech pouhým pohledem na výraz daného člověka nebo jeho skutky. K tomu používají jako vodítko své vlastní myšlenky a pocity. Mohou například říct: „Tento člověk to pravděpodobně řekl s tímto na mysli" nebo mohou říct: „Rozhodně měl pro jednání tímto způsobem tyto záměry."

Dejme tomu, že mladý pracovník nejednal příliš vlídně se svým nadřízeným, protože byl nervózní ze svého nového prostředí. Nadřízený by si mohl pomyslet: „Ten nový chlapík se chová, jako bych mu byl nepříjemný. Možná je to proto, že jsem ho jiný den zahrnul negativní kritikou." Toto je mylná představa, kterou si nadřízený vytvořil na základě svých vlastních představ. V jiném případě někdo se špatným zrakem nebo hluboce zamyšlený kráčí vedle svého přítele, aniž by si uvědomoval, že je jeho přítel vedle něj. Přítel by si mohl pomyslet: „Chová se, jako by mě ani neznal! Co když je na mě naštvaný."

A kdyby byl někdo jiný ve stejné situaci, možná by zareagoval ještě jinak. Každý má jiné myšlenky a pocity, a tak každý člověk reaguje na určité okolnosti různě. Proto za předpokladu, že by bylo údělem každého člověka stejné utrpení, každý jedinec bude mít jinou úroveň síly k jeho překonání. To je důvod, proč když vidíme někoho v bolestech, nikdy bychom ho neměli soudit podle našich vlastních měřítek tolerance k bolesti a myslet si: „Proč dělá tolik povyku pro nic?" Není snadné zcela porozumět srdci druhého člověka – dokonce, i když ho opravdu milujete a máte s ním blízký vztah.

Kromě toho existuje mnoho jiných způsobů, jak lidé nesprávně posuzují druhé a dělají si o nich špatný názor, jsou druhými lidmi zklamáni a potom je nakonec všechny odsoudí, protože je soudili podle svých vlastních měřítek. Pokud soudíme druhého člověka na základě svých vlastních měřítek a myslíme si, že má specifický záměr ve svém srdci, i když ho ve skutečnosti nemá, a potom o něm negativně mluvíme, vydáváme o něm křivé svědectví. A podílíme-li se na tomto jednání nasloucháním této nepravdě a přispíváme k souzení a odsuzování konkrétního člověka, potom se znovu dopouštíme hříchu vydání křivého svědectví proti svému bližnímu.

Většina lidí si myslí, že pokud sami reagují v nějaké situaci zle, potom ostatní lidé ve stejné situaci udělají to samé. Protože mají podvodné srdce, myslí si, že ostatní mají také podvodné srdce. Jestliže vidí určitou situaci nebo scénu a mají zlé myšlenky, myslí si: „Vsadím se, že ten člověk si také myslí něco špatného." A protože se sami dívají na druhé spatra, myslí si: „Tenhle člověk se na mě dívá spatra. Je nafoukaný."

To je důvod, proč se v Jakubově listu 4:11 říká: *„Bratří, nesnižujte jeden druhého. Kdo snižuje nebo odsuzuje bratra, snižuje a odsuzuje zákon. Jestliže však odsuzuješ zákon, neplníš zákon, nýbrž stavíš se nad něj jako soudce."* Pokud někdo soudí nebo pomlouvá svého bratra, znamená to, že je domýšlivý a že chce být jako Bůh Soudce.

Je také důležité vědět, že pokud mluvíme o slabostech druhých lidí a soudíme je, dopouštíme se hříchu, který je ještě horší. V Matoušovi 7:1-5 čteme: *„Nesuďte, abyste nebyli* *souzeni. Neboť jakým soudem soudíte, takovým budete souzeni, a jakou měrou měříte, takovou Bůh naměří vám. Jak to, že vidíš třísku v oku svého bratra, ale trám ve vlastním oku nepozoruješ? Anebo jak to, že říkáš svému bratru: ‚Dovol, ať ti vyjmu třísku z oka' – a hle, trám ve tvém vlastním oku! Pokrytče, nejprve vyjmi ze svého oka trám, a pak teprve prohlédneš, abys mohl vyjmout třísku z oka svého bratra."*

Je tu ještě jedna věc, na kterou bychom si měli dávat veliký pozor, a to souzení Božích slov na základě našich vlastních myšlenek. Co je u člověka nemožné, je u Boha možné, takže když dojde na Boží slova, nikdy bychom neměli říct: „To je špatně."

Lhaní zveličováním nebo zmírňováním pravdy

Aniž by měli jakékoli špatné záměry, mají lidé dennodenně tendence zveličovat nebo zmírňovat pravdu. Například, pokud někdo sní hodně jídla, můžeme říct: „Spořádal všechno." Zbývá-li stále trochu jídla, můžeme říct: „Nezbyl ani drobek!" Jsou dokonce chvíle, kdy potom, co vidíme, že s něčím souhlasí tři nebo čtyři lidé, řekneme: „Každý s tím souhlasil."

Podobně je to, co mnoho lidí nepokládá za lež, ve skutečnosti lež. Jsou také případy, kdy mluvíme o situaci, o které skutečně nevíme všechna fakta a v důsledku toho říkáme lež.

Například dejme tomu, že se nás někdo zeptá, kolik

zaměstnanců pracuje pro určitou společnost a my odpovíme: „Je to tolik a tolik lidí" a později to spočítáme a uvědomíme si, že skutečné množství je jiné. Třebaže jsme nelhali záměrně, to co jsme řekli, je stále lež, protože se to liší od pravdy. A tak by v tomto případě bylo lepší odpovědět: „Neznám přesné číslo, ale myslím, že je to okolo tolika a tolika lidí."

Samozřejmě, že jsme se v těchto případech záměrně nepokoušeli lhát se špatnými motivy nebo soudit druhé se zlým srdcem. Nicméně pokud vidíme i tu nejnepatrnější známku takovýchto myšlenek a jednání, potom je dobré se dostat až na úplné dno problému. Člověk, jehož srdce je naplněno pravdou, nepřidá ani neodečte z pravdy, bez ohledu na to, o jak malou věc se jedná.

Zcela upřímný a čestný člověk dokáže přijmout pravdu jako pravdu a předat pravdu jako pravdu. Takže je-li něco bezvýznamné a nedůležité a my vidíme sami sebe, jak o tom mluvíme byť s nejnepatrnějším zdáním nepravdy, potom bychom měli vědět, že to znamená, že naše srdce ještě není zcela naplněno pravdou. A jestliže naše srdce ještě není zcela naplněno pravdou, znamená to, že když se dostaneme do situace ohrožující život, jsme schopni ublížit druhému člověku tím, že o něm budeme lhát.

Jak je napsáno v 1 Petrově 4:11: *„Kdo káže, ať zvěstuje slovo Boží,"* měli bychom se snažit nelhat ani nežertovat za použití nepravdivých slov. Bez ohledu na to, co říkáme, vždy bychom měli mluvit pravdivě, jako bychom říkali Boží slova. A můžeme takto činit tím, že se budeme horlivě modlit a přijmeme vedení Duchem svatým.

Kapitola 11
Desáté přikázání

„Nebudeš dychtit po domě svého bližního"

Exodus 20:17

„Nebudeš dychtit po domě svého bližního. Nebudeš dychtit po ženě svého bližního ani po jeho otroku ani po jeho otrokyni ani po jeho býku ani po jeho oslu, vůbec po ničem, co patří tvému bližnímu."

Znáte jednu ze známých Ezopových bajek, příběh o huse, která kladla zlatá vejce? Kdysi dávno žil v malé vesničce sedlák, který získal velmi zvláštní husu. Zatímco přemýšlel o tom, co bude s husou dělat, stala se divná věc. Husa začala každé ráno snášet zlaté vejce. Jednoho dne si pak sedlák pomyslel: „Uvnitř husy je patrně spousta zlatých vajec." Ze sedláka se náhle vyklubal sobecký člověk, který zatoužil po spoustě zlata, aby mohl být hned bohatý a nemusel čekat každý den, aby dostal jedno zlaté vejce.

Když jeho chamtivost přerostla určité meze, sedlák husu zařízl a otevřel, jen aby zjistil, že uvnitř husy není ani trocha zlata. V té chvíli si sedlák uvědomil, že se zmýlil a litoval svého činu. Bylo však příliš pozdě.

Stejně jako tomu je v tomto příběhu, lidská chamtivost nezná žádné meze. Bez ohledu na to, kolik řek se vlévá do oceánu, oceán se nikdy nenaplní. Stejné je to s lidskou chamtivostí. Bez ohledu na to, kolik toho člověk vlastní, nikdy nedojde k jeho úplnému uspokojení. Ve svém každodenním životě to vidíme na každém kroku. Když se lidská chamtivost příliš rozroste, člověk se nejenom cítí nespokojený s tím, co má, ale začne dychtit a snažit se vlastnit to, co patří druhým, i když to znamená, že k tomu použije špatné způsoby. Nakonec to skončí tím, že se dopustí vážného hříchu.

„Nebudeš dychtit po domě svého bližního"

„Dychtit" po něčem znamená chtít něco, co nám nepatří a snažit se získat majetek někoho jiného a použít k tomu nepatřičné způsoby; nebo mít srdce, které touží po všech tělesných věcech světa.

Většina zločinů začíná dychtivým srdcem. Dychtivost způsobuje, že lidé lžou, kradou, loupí, podvádějí, vraždí a dopouštějí se všemožných dalších zločinů. Jsou také případy, kdy lidé nejenom dychtí po materiálních věcech, ale také po postavení a slávě.

Kvůli těmto dychtivým srdcím se občas změní sourozenecké vztahy, vztahy mezi rodiči a dětmi a dokonce vztahy mezi manželi v nepřátelské. Některé rodiny se znepřátelí a namísto toho, aby žily šťastný život v pravdě, lidé začnou žárlit a závidět lidem, kteří mají více, než mají oni.

To je důvod, proč nás Bůh prostřednictvím desátého přikázání varuje před dychtivostí, ze které se rodí hřích. Kromě toho po nás Bůh chce, abychom směřovali svou mysl na věci shůry (Koloským 3:2). Pouze když hledáme věčný život a naplňujeme svá srdce nadějí v nebe, můžeme najít pravé uspokojení a štěstí. Až poté můžeme vyhnat dychtivost ze svého srdce. Lukáš 12:15 říká: „*Mějte se na pozoru před každou chamtivostí, neboť i když člověk má nadbytek, není jeho život zajištěn tím, co má.*" Jak říká Ježíš, pouze když ze sebe vypudíme veškerou dychtivost, můžeme se zdržet hřešení a mít věčný život.

Proces, kterým dychtivost vychází v podobě hříchu

Jak se tedy dychtění mění v hříšný čin? Řekněme, že jste navštívili mimořádně zámožný dům. Dům je z mramoru a je nesmírně obrovský. Je také plný všemožných luxusních věcí. Člověka to přinutí říct: „Ten dům je úžasný. Absolutně překrásný!"

Mnoho lidí však nezůstane jen u tohoto komentáře. Pokračují v přemýšlení: „Přál bych si mít takový dům jako je tento. Přál bych si být bohatý jako tento člověk." Samozřejmě, že skuteční věřící nedovolí, aby se jejich myšlenky rozvinuly v myšlenky na krádež. Avšak skrze takové přemýšlení: „Přál bych si to mít také," může do jejich srdce vstoupit chamtivost.

A pokud vstoupí do srdce chamtivost, je pouze otázkou času, kdy se člověk dopustí hříchu. V Jakubově listu 1:15 se říká: *„Žádostivost pak počne a porodí hřích, a dokonaný hřích plodí smrt."* Jsou věřící, kteří se přemoženi touto touhou nebo chamtivostí dopustí zločinu.

V 7. kapitole knihy Jozue čteme o Akánovi, který přemožen takovou chamtivostí končí tím, že je za trest usmrcen. Jozue byl namísto Mojžíše vůdcem v procesu dobývání kenaanské země. Izraelité zrovna obléhali Jericho. Jozue varoval svůj lid, že všechno, co vychází z Jericha, je zasvěceno Bohu, takže nikdo na to nesmí vložit své ruce.

Nicméně, potom co Akán uviděl drahý oděv, zlato a stříbro, zatoužil po bohatství a tiše si ho schoval pro sebe. Protože o tom Jozue nevěděl, pokračoval v dobývání dalšího města, což bylo město Aj. Protože Aj bylo malé město, Izraelité to viděli na snadný boj. Avšak ke svému velkému údivu prohráli. Potom Bůh pověděl Jozuovi, že tomu tak bylo kvůli Akánovi. V důsledku toho museli nejenom Akán, ale celá jeho rodina – dokonce i jeho dobytek – zemřít.

V 5. kapitole 2. knihy Královské čteme o Géchazím, služebníkovi Elíši, který dostal malomocenství, protože dychtil po věcech, které neměl mít. Jak mu Elíša řekl, generál Naamán se sedmkrát omyl v Jordánu, aby byl očištěn od své lepry. Potom, co byl uzdraven, chtěl dát Elíšovi na důkaz vděčnosti nějaké dary. Elíša však odmítl cokoliv přijmout.

Později, když byl velitel vojska Naamán na své cestě zpět do své vlasti, Géchazí se za ním rozběhl a jednal, jako by ho poslal Elíša a požádal o nějaké zboží. To pak ukryl. Ke všemu se ještě vrátil k Elíšovi a snažil se ho podvést navzdory skutečnosti, že Elíša věděl, k čemu se chystal od samého začátku. A tak Géchazí dostal lepru, kterou měl předtím Naamán.

Stejný případ se udál s Ananiášem a jeho manželkou Safirou

v 5. kapitole knihy Skutků. Prodali kus svého majetku a slíbili dát Bohu peníze, které za něj utrží. Avšak jakmile dostali peníze do rukou, jejich srdce se změnila a oni skryli část peněz pro sebe a zbytek přinesli apoštolům. Dychtivostí po penězích se snažili podvést apoštoly. Ale klamat apoštoly je stejné jako klamat Ducha svatého, a tak je okamžitě opustila jejich duše a oba na místě zemřeli.

Dychtící srdce vedou ke smrti

Dychtění je veliký hřích, který nakonec vede ke smrti. Proto je pro nás rozhodující, abychom vyhnali dychtivost ze svého srdce stejně jako pokušení a chamtivost, které nás nutí chtít tělesné věci tohoto světa. Co je dobrého na tom, když získáte všechno, po čem na celém světě toužíte, ale ztratíte svůj život?

Na druhou stranu, ačkoliv možná nemáte všechno bohatství tohoto světa, tak pokud věříte v Pána a máte skutečný život, potom jste opravdu bohatý člověk. Jak se dozvídáme z podobenství o bohatém muži a žebrákovi Lazarovi v 16. kapitole Lukášova evangelia, skutečné požehnání znamená získat spasení potom, co vypudíte dychtivé srdce.

Boháč, který neměl žádnou víru v Boha a žádnou naději v nebe, žil báječný život – nosil krásné oblečení, uspokojoval svou světskou chamtivost a užíval si zábavy. Na druhou stranu žebrák Lazar ležel u vrat toho boháče a žebral. Jeho život byl velmi chudobný, dokonce přibíhali psi a olizovali jeho vředy. Nicméně, v hloubi svého srdce chválil Boha a vždy měl naději v nebe.

Nakonec boháč i Lazar zemřeli. Žebráka Lazara přenesli andělé k Abrahamovi, avšak boháč sestoupil do podsvětí, kde byl mučen. Protože trpěl v agónii a ohni velikou žízní, přál si boháč pouze jedinou kapičku vody, ale ani toto přání mu nebylo splněno.

Dejme tomu, že by boháč dostal druhou šanci žít tady na zemi. Pravděpodobně by si zvolil získat věčný život v nebi, i kdyby to znamenalo žít zde chudý život. A co se týče toho, kdo žije zde na zemi velmi nuzným životem jako Lazar, tak kdyby se jen naučil, jak se bát Boha a žít v jeho světle, získal by také požehnání v podobě materiálního blahobytu, zatímco by žil tady na zemi.

Potom, co zemřela jeho žena Sára, chtěl otec víry Abraham koupit jeskyni v Makpele, aby zde svou ženu pohřbil. Vlastník jeskyně mu pověděl, aby si ji vzal zadarmo, ale Abraham odmítl si ji vzít zadarmo a zaplatil za ni plnou cenu. Učinil tak, protože ve svém srdci neměl ani stopu dychtivosti. Kdyby mu nepatřila, ani by nepomyslel na to, aby ji vlastnil (Genesis 23:9-19).

Kromě toho Abraham miloval Boha a poslouchal jeho slovo, žil život v čestnosti a integritě. To je důvod, proč během svého života na zemi obdržel nejenom požehnání v podobě materiálního blahobytu, ale také požehnání v podobě dlouhého života, slávy, moci, potomků a mnohého dalšího. Dokonce získal duchovní požehnání v podobě toho, že byl nazýván ‚přítelem Božím'.

Duchovní požehnání předčí všechno materiální požehnání

Někdy se lidé zvědavě ptají: „Tenhle člověk vypadá jako velmi dobrý věřící. Jak to, že se mu nedostává hodně požehnání?" Kdyby ten člověk byl skutečným následovníkem Krista žijícím den za dnem s opravdovou vírou, viděli bychom, že mu Bůh žehná těmi nejlepšími věcmi.

Jak je psáno ve 3. listu Janově 1:2: „*Modlím se za tebe, milovaný, aby se ti ve všem dobře dařilo a abys byl zdráv – tak jako se dobře daří tvé duši,*" Bůh nám především žehná, aby se naší duši dobře dařilo. Pokud žijeme jako svaté Boží děti, odhazujeme všechno zlo ze svého srdce a posloucháme Boží přikázání, Bůh nám jistě požehná, takže se nám ve všem bude dařit včetně našeho zdraví.

Pokud ale někdo – jehož duši se nedaří – vypadá, že se mu dostává mnoho materiálního požehnání, nemůžeme říct, že je to požehnání od Boha. V takovém případě mu může jeho bohatství skutečně způsobit to, že se stane chamtivým. Jeho chamtivost může zrodit hřích a nakonec může odpadnout od Boha.

Když nastanou těžké situace, lidé mohou s čistým srdcem

spoléhat na Boha a s láskou mu horlivě sloužit. Avšak příliš často potom, co přijmou materiální požehnání do svého podnikání nebo na své pracoviště, jejich srdce začnou toužit po mnoha věcech tohoto světa a oni se začnou vymlouvat na to, že jsou příliš zaneprázdnění a nakonec se vzdalují od Boha. Když jsou jejich zisk nebo výdělky nízké, mají sklon k tomu dávat desátky bezvýhradně a s díkůvzdáním, ale když jejich výdělky vzrostou a jejich desátky se také mají zvětšit, snadno to jejich srdcem otřese. Pokud se naše srdce takto změní, začneme se vzdalovat Božím slovům a nakonec se staneme právě takovými, jako jsou lidé ze sekulárního světa. Získané požehnání pak může skutečně skončit tím, že se stane naším neštěstím.

Avšak ti, jejichž duši se daří, nebudou dychtit po věcech tohoto světa, a i když získají od Boha požehnání v podobě poct a jmění, nebudou dychtit po dalším. Nebudou reptat ani si stěžovat jen proto, že nemají dobré věci tohoto světa, protože budou ochotni nabídnout všechno, co mají – i svůj život – Bohu.

Lidé, jejichž duši se dobře vede, budou střežit svou víru a sloužit Bohu bez ohledu na to, v jakých okolnostech se nacházejí a používat požehnání, kterého se jim od Boha dostane, pouze pro jeho království a slávu. A protože lidé s duší, které se dobře daří, nemají ani ty nejmenší sklony honit se za světskými potěšeními, bezcílně bloumat a vyhledávat veselí nebo kráčet vstříc cestě smrti, Bůh jim hojně požehná a dá jim mnoho dalšího.

To je důvod, proč je duchovní požehnání mnohem důležitější

než fyzické požehnání tohoto světa, které se vypaří jako mlha. A tak musíme nade vše jiné nejprve získat duchovní požehnání.

Nikdy bychom neměli usilovat o Boží požehnání, abychom uspokojili světské touhy

Třebaže jsme doposud neobdrželi duchovní požehnání v podobě toho, že se dobře daří naší duši, tak pokračujeme-li v tom, že kráčíme cestou spravedlnosti a s vírou hledáme Boha, on nás v ten pravý čas naplní. Lidé se modlí za to, aby se něco stalo hned, ale všechno pod nebem má svůj čas a délku trvání a Bůh zná ten nejlepší čas. Jsou chvíle, kdy nás Bůh nechá čekat, aby nás pak mohl obdařit o to větším požehnáním.

Pokud Boha o něco prosíme ze skutečné víry, potom obdržíme moc ustavičně se modlit, dokud nedostaneme odpověď. Prosíme-li však Boha o něco z tělesných tužeb, potom nezáleží na tom, jak moc se modlíme, nezískáme víru skutečně věřit a nedostaneme od něho odpověď.

Jakubův 4:2-3 říká: *„Chcete mít, ale nemáte. Prosíte sice, ale nedostáváte, protože prosíte nedobře: jde vám o vaše vášně."* Bůh nám nemůže odpovědět, když prosíme o něco, abychom uspokojili své světské touhy. Pokud mladý student prosí své rodiče o peníze, aby si mohl koupit věci, které by si kupovat neměl, potom by mu je rodiče neměli dát.

To je důvod, proč bychom se za něco neměli modlit a usilovat o to svými vlastními myšlenkami, ale spíše bychom měli s mocí Ducha svatého usilovat o věci ve shodě s Boží vůlí (Judův 1:20). Duch svatý zná Boží srdce a dokáže porozumět hlubokým Božím věcem, proto pokud spoléháte během modliteb na vedení Duchem svatým, můžete rychle získat Boží odpověď na každou svou modlitbu.

Jak tedy spoléhat na vedení Duchem svatým a modlit se podle Boží vůle?

Za prvé, musíme se vyzbrojit Božím slovem a aplikovat jeho Slovo do našich životů, takže naše srdce může být jako srdce Ježíše Krista. Pokud máme srdce jako Kristus, potom se přirozeně budeme modlit podle Boží vůle a rychle obdržíme odpověď na všechny naše modlitby. To protože Duch svatý, který zná Boží srdce, bude dohlížet na naše srdce, takže budeme moci požádat o věci, které opravdu potřebujeme.

Zrovna jako se říká v Matoušovi 6:33: *„Hledejte především jeho království a spravedlnost, a všechno ostatní vám bude přidáno,"* hledejte především Boha a jeho království a potom proste o to, co potřebujete. Jestliže se modlíte a hledáte především Boží vůli, zakusíte, jak na váš život Bůh vylévá své požehnání, takže bude váš pohár přetékat vším, co potřebujete zde na zemi a ještě mnohým dalším.

To je důvod, proč bychom měli neustále směřovat své opravdové a upřímné modlitby k Bohu. Když každý den hromadíte mocné modlitby vedeni Duchem svatým, bude jakákoliv dychtivost nebo hříšná vlastnost nadobro vyhnána z vašeho srdce a vy obdržíte cokoliv, oč v modlitbě požádáte.

Apoštol Pavel byl občanem římského impéria a studoval pod vedením Gamaliela, nejlepšího a nejznámějšího učence svého času. Přesto se Pavel nezajímal o věci tohoto světa. Pro Krista pokládal všechno, co měl, za brak. Stejně jako tomu bylo u Pavla, musíme i my nejvíce milovat a nejvíce toužit po věcech jako je vyučování Ježíše Krista nebo vyučování slovům pravdy.

Získáme-li veškeré bohatství světa, pocty, moc atd. a nezískáme věčný život, k čemu nám ty věci budou dobré? Pokud se však, jako apoštol Pavel, vzdáme všeho bohatství tohoto světa a budeme žít život podle Boží vůle, potom nám Bůh jistojistě požehná, aby se naší duši dobře dařilo. Pak budeme nazýváni v nebi „velikými" a uspějeme ve všech oblastech svého života také tady na zemi.

A tak se modlím, abyste dokázali vyhnat jakoukoli žádostivost nebo dychtivost ze svého srdce a života, zatímco budete horlivě hledat uspokojení v tom, co už máte a udržíte si svou naději v nebe. Potom budete navždy vést život přetékající díkůvzdáním a radostí.

Kapitola 12

Zákon setrvání v Bohu

Přísloví 8:17

„*Já miluji ty, kdo milují mne, a kdo mě za úsvitu hledají, naleznou mne.*"

Ve 22. kapitole evangelia Matouše se vyskytuje scéna, ve které se farizeové ptají, které přikázání v zákoně je největší. Ježíš na to odvětil: „*„Miluj Hospodina, Boha svého, celým svým srdcem, celou svou duší a celou svou myslí.*' *To je největší a první přikázání. Druhé je mu podobné:* ,*Miluj svého bližního jako sám sebe.*' *Na těch dvou přikázáních spočívá celý Zákon i Proroci*" (Matouš 22:37-40).

To znamená, že pokud milujeme Boha celým svým srdcem, celou svou duší a celou svou myslí a milujeme své bližní jako sami sebe, potom můžeme snadněji zachovávat všechna ostatní přikázání.

Pokud skutečně milujeme Boha, jak bychom se mohli dopouštět hříchů, které si Bůh oškliví? A milujeme-li své bližní jako sami sebe, jak bychom s nimi mohli jednat zle?

Proč nám Bůh dal svá přikázání

Proč se tedy Bůh obtěžoval s tím, že nám dal každé jednotlivé z deseti přikázání namísto toho, aby nám pouze řekl: „Miluj svého Boha a miluj svého bližního jako sám sebe"?

To proto, že ve starozákonní době, před érou Ducha svatého, bylo pro lidi obtížné opravdově milovat ze svého srdce a ze své vlastní vůle. A tak skrze desatero přikázání, kterými si Bůh u Izraelců dostatečně vynutil, aby ho poslechli, je Bůh vedl k tomu, aby ho milovali a báli se ho stejně jako, aby milovali své bližní svými činy.

Až doteď jsme se zblízka dívali na každé jednotlivé přikázání podle něho samotného, ale nyní se pojďme podívat na přikázání jako na dvě velké skupiny: láska k Bohu a láska k našim bližním.

Přikázání 1 až 4 lze shrnout jako: „Miluj Hospodina, Boha svého, celým svým srdcem, celou svou duší a celou svou myslí." Sloužit pouze Bohu Stvořiteli, nedělat si falešné modly ani je neuctívat, být opatrní, abychom nezneužili Boží jméno, a dodržovat svatý den odpočinku jsou všechno způsoby, jak milovat Boha.

Přikázání 5 až 10 lze shrnout jako: *„Miluj svého bližního jako sám sebe."* Ctít své rodiče, varovat před vraždou, krádeží, vydáváním křivého svědectví, dychtěním, atd. jsou všechno způsoby zabránění zlým skutkům vůči druhým nebo našim bližním. Pokud milujeme své bližní jako sami sebe, nechtěli bychom, aby si prošli bolestí, proto bychom měli zvládnout uposlechnout tato přikázání.

Musíme milovat Boha z hloubi svého srdce

Bůh nás nenutí, abychom poslouchali jeho přikázání. Vede nás k tomu, abychom je zachovávali ze své vlastní lásky k němu.

V Římanům 5:8 je napsáno: *„Bůh však prokazuje svou lásku k nám tím, že Kristus za nás zemřel, když jsme ještě byli hříšní."* Bůh projevil svou velikou lásku k nám jako první.

Je těžké najít někoho, kdo je ochotný zemřít namísto dobrého nebo spravedlivého člověka nebo dokonce namísto blízkého přítele. Bůh však poslal svého jediného Syna Ježíše Krista, aby zemřel namísto hříšníků, aby je osvobodil od kletby, pod kterou byli podle zákona. A tak Bůh projevil lásku, která předčí spravedlnost.

A jak je napsáno v Římanům 5:5: *„A naděje neklame, neboť Boží láska je vylita do našich srdcí skrze Ducha svatého, který nám byl dán,"* Bůh dává Ducha svatého jako dar všem svým dětem, které přijmou Ježíše Krista, aby mohly naplno porozumět Boží lásce.

To je důvod, proč dokážou ti, kteří jsou spaseni vírou a pokřtěni vodou a Duchem svatým, milovat Boha nejenom svou myslí, ale skutečně z hloubi svého srdce, což jim umožňuje setrvávat u jeho přikázání z opravdové lásky k němu.

Původní Boží vůle

Původně Bůh stvořil člověka, protože toužil po tom mít skutečné děti, které by mohl milovat a které by na oplátku ze své vlastní svobodné vůle milovaly jeho. Jestliže však někdo zachovává všechna Boží přikázání, ale nemiluje Boha, jak můžeme říct, že je skutečným Božím dítětem?

Najatá ruka, která pracuje za mzdu, nemůže zdědit podnikání svého zaměstnavatele, ale dítě zaměstnavatele, které se zcela liší od najaté ruky, může podnikání zdědit. Podobně ti, kteří zachovávají všechna Boží přikázání, mohou obdržet všechna zaslíbená požehnání, ale pokud nerozumějí Boží lásce, nemohou být skutečnými Božími dětmi.

Proto někdo, kdo rozumí Boží lásce a dodržuje jeho přikázání, zdědí nebe a může žít v nejkrásnější části nebe jako skutečné Boží dítě. A po Otcově boku může žít ve slávě zářivé jako slunce navěky věků.

Bůh chce, aby s ním všichni lidé, kteří získali spasení skrze krev Ježíše Krista a kteří ho milují z hloubi svého srdce, žili v Novém Jeruzalémě, kde je jeho trůn, a navěky s ním sdíleli svou lásku. To je důvod, proč Ježíš řekl v Matoušovi 5:17: *„Nedomnívejte se, že jsem přišel zrušit Zákon nebo Proroky; nepřišel jsem zrušit, nýbrž naplnit."*

Důkaz toho, jak hodně milujeme Boha

Podobně až potom, co pochopíme skutečný důvod toho, proč nám Bůh dal svá přikázání, můžeme naplnit zákon láskou, kterou chováme k Bohu. Protože máme přikázání nebo zákony, můžeme fyzicky projevit ‚lásku', která je abstraktním pojetím, které je těžko viditelné fyzickým okem.

Kdyby nějací lidé řekli: „Bože, miluji tě celým svým srdcem, tak mi prosím požehnej," jak by mohl spravedlivý Bůh potvrdit jejich prohlášení, pokud by neexistovalo měřítko, podle kterého by se dali prověřit dříve, než jim požehná? Protože máme měřítko, přikázání nebo zákon, můžeme vidět, zda opravdu milují Boha celým svým srdcem. Pokud říkají svými ústy, že milují Boha, ale nedodržují svatý den odpočinku, jak nám Bůh nařídil, potom můžeme vidět, že ve skutečnosti Boha nemilují.

A tak jsou Boží přikázání měřítkem, podle kterého můžeme prověřit nebo vidět důkaz toho, jak moc milujeme Boha.

To je důvod, proč se v 1 Janově 5:3 říká: „*V tom je totiž láska k Bohu, že zachováváme jeho přikázání; a jeho přikázání nejsou těžká.*"

Miluji ty, kdo milují mě

Požehnání, kterých se nám dostane od Boha v důsledku zachovávání jeho přikázání, jsou požehnání, která nezmizí ani nepohasnou.

Například, co se stalo Danielovi, který se zalíbil Bohu,

protože měl opravdovou víru, a který nikdy nedělal kompromisy se světem?

Daniel byl původem z kmene Juda a potomek královské rodiny. Avšak když jižní Juda hřešila proti Bohu, babylónský král Nebúkadnesar podnikl v roce 605 před Kristem svou první invazi na tento národ. V té době byl Daniel, který byl velmi mladý, vzat jako rukojmí do Babylóna.

V souladu s královskou politikou přejímání jiných kultur byli Daniel a několik dalších mladých mužů, kteří byli také zajatci, vybráni k tomu, aby žili v Nebúkadnesarově paláci a dostalo se jim kaldejského vyučování po dobu tří let.

Během té doby Daniel požádal, aby mu nebylo dáváno jídlo z každodenního přídělu z královských lahůdek a z vína ve strachu, aby se nemusel poskvrňovat jídlem, které mu Bůh zakázal jíst. Jako zajatec neměl žádné právo odmítnout jídlo, které mu přidělil král, ale Daniel chtěl udělat všechno pro to, aby si před Bohem udržel svou ryzí víru.

Když Bůh uviděl Danielovo upřímné srdce, pohnul srdcem velitele dvořanů, takže Daniel nemusel jíst ani pít královské lahůdky ani víno.

Časem pak Daniel, který důkladně dodržoval Boží přikázání, vystoupal na pozici nejvyššího správce nežidovského národa, Babylóna. Protože měl Daniel neochvějnou víru, která mu umožnila zdržet se kompromisů se světem, zalíbil se Bohu. A tak i když se mezitím změnily národy a králové, Daniel zůstal znamenitý na všech svých cestách a neustále se mu dostávalo Boží lásky.

Ti, kdo mě hledají, naleznou mě

I v dnešní době můžeme vidět toto požehnání. U kohokoli, kdo má víru jako Daniel, která nedělá kompromisy se světem a dodržuje s radostí Boží přikázání, můžeme vidět, že mu Bůh žehná přehojným požehnáním.

Asi před deseti lety jeden z našich starších pracoval pro jednu z nejpřednějších společností ve státě. Aby nalákali svou klientelu, společnost pořádala pravidelná setkání se svými klienty, kde se popíjelo a nutností byla také golfová setkání o víkendech. V té době byl náš starší diákonem a potom, co přijal tuto pozici a pochopil skutečnou Boží lásku, tak navzdory světským praktikám společnosti nikdy nepil se svými klienty a nikdy nepropásl nedělní bohoslužbu, aby uctíval Boha.

Jednoho dne mu výkonný ředitel společnosti pověděl: „Vyberte si mezi touto společností a Vaší církví." Protože byl od přírody odhodlaným člověkem, dvakrát se nerozmýšlel a odpověděl: „Tato společnost je pro mě důležitá, ale pokud mě žádáte, abych si vybral mezi touto společností a svou církví, zvolím si svou církev."

Zázračným způsobem pak Bůh pohnul srdcem výkonného ředitele a ten vložil v našeho staršího ještě více důvěry a ten nakonec skončil tak, že byl povýšen. Ale to nebylo všechno. Brzy potom následovala řada povýšení, až se náš starší dostal na pozici výkonného ředitele společnosti!

A tak, když milujeme Boha a snažíme se dodržovat jeho přikázání, Bůh nás pozvedne, abychom vynikli v čemkoli, co budeme dělat, a požehná nám ve všech oblastech našeho života.

Na rozdíl od zákonů vytvořených společností se zaslíbená Boží slova časem nemění. Bez ohledu na to, v jakém časovém období žijeme a bez ohledu na to, kdo jsme, tak pokud jednoduše dodržujeme Boží slova a žijeme podle nich, můžeme obdržet Boží zaslíbené požehnání.

Zákon setrvání v Bohu

Proto nás desatero přikázání neboli zákon, který dal Bůh Mojžíšovi, vyučuje měřítku, podle kterého můžeme získat Boží lásku a požehnání.

A jako je psáno v Příslovích 8:17: *„Já miluji ty, kdo milují mne, a kdo mě za úsvitu hledají, naleznou mne,"* tak podle toho, do jaké míry dodržujeme Boží zákony, do takové míry můžeme obdržet jeho lásku a požehnání.

V Janovi 14:21 Ježíš řekl: *„Kdo přijal má přikázání a*

zachovává je, ten mě miluje. A toho, kdo mě miluje, bude milovat můj Otec; i já ho budu milovat a dám mu to poznat."

Zdají se vám Boží zákony příliš tvrdé nebo příliš důrazné? Milujeme-li Boha z hloubi svého srdce, dokážeme je zachovávat. A nazýváme-li se Božími dětmi, měli bychom je přirozeně dodržovat.

To je způsob, jak získat Boží lásku, jak být s Bohem, jak se setkat s Bohem a jak dostávat jeho odpovědi na naše modlitby. A co je nejdůležitější, jeho zákon nás udržuje mimo hřích a žene nás vstříc cestě spasení, takže je pro nás velikým požehnáním!

Právě proto, že praotcové víry jako Abraham, Daniel a Josef pečlivě dodržovali Boží zákon, obdrželi požehnání v podobě vyvýšení nad všemi národy. Získali požehnání při svém vcházení a získali požehnání při svém vycházení. Nejenom, že se z takového požehnání těšili ve všech oblastech svého života, ale i v nebi obdrželi požehnání tím, že vstoupili do slávy zářící jako slunce.

Ve jménu našeho Pána Ježíše Krista se modlím, abyste neustále nastavovali své uši Božím slovům a našli potěšení v zákoně Pána, rozjímali nad ním dnem a nocí a zcela jej dodržovali.

„Hleď, jak jsem si tvá ustanovení zamiloval,
Hospodine, podle svého milosrdenství

mi zachovej život.
Hojný pokoj mají ti, kdo milují tvůj Zákon,
o nic neklopýtnou.
S nadějí vyhlížím tvoji spásu, Hospodine,
a tvá přikázání plním.
Ať můj jazyk opěvuje, co jsi řekl,
všechna tvá přikázání jsou spravedlivá"
(Žalmy 119:159, 165, 166, 172).

O autorovi:
Dr. Jaerock Lee

Dr. Jaerock Lee se narodil v roce 1943 v Muanu, v provincii Jeonnam, v Korejské republice. Ve svých dvaceti letech trpěl Dr. Lee po dobu sedmi let rozmanitými nevyléčitelnými chorobami a očekával smrt bez jakékoliv naděje na uzdravení. Jednoho jarního dne v roce 1974 ho jeho sestra odvedla na církevní shromáždění, a když poklekl, aby se pomodlil, živý Bůh ho okamžitě uzdravil ze všech jeho nemocí.

Od chvíle, kdy se skrze tuto úžasnou zkušenost Dr. Lee setkal s živým Bohem, začal Boha upřímně milovat celým svým srdcem a v roce 1978 byl povolán k tomu, aby se stal Božím služebníkem. Vroucně se modlil a nesčetněkrát držel spolu s modlitbami půst, aby mohl jasně porozumět Boží vůli, cele ji vykonávat a být poslušný Božímu slovu. V roce 1982 založil v Soulu, v Jižní Koreji, církev Manmin Central Church, kde se koná nesčetné Boží dílo včetně nadpřirozených uzdravení, znamení a zázraků.

V roce 1986 byl Dr. Lee při výročním shromáždění církve Jesus' Sungkyul Church of Korea ustanoven pastorem a o čtyři roky později, v roce 1990, začala být jeho kázání vysílána prostřednictvím rozhlasových stanic the Far East Broadcasting Company, the Asia Broadcast Station a the Washington Christian Radio System v Austrálii, Rusku, na Filipínách a v mnoha dalších zemích.

O tři roky později, v roce 1993, byla církev Manmin Central Church vybrána časopisem *Christian World* (USA) mezi „50 nejpřednějších církví na světě" a Dr. Lee obdržel od fakulty Christian Faith College na Floridě čestný doktorát z teologie. V roce 1996 získal za svou službu od semináře Kingsway Theological Seminary v Iowě titul Ph. D.

Od roku 1993 převzal Dr. Lee vedení světové misie prostřednictvím mnoha zahraničních cest do amerických měst Los Angeles, Baltimoru a New Yorku, dále na Havaj, do Tanzánie, Argentiny, Ugandy, Japonska, Pákistánu, Keni, na Filipíny, do Hondurasu, Indie, Ruska, Německa, Peru, Demokratické republiky Kongo a do Izraele.

V roce 2002 byl většinou křesťanských novin v Koreji kvůli své mocné službě na rozmanitých zahraničních kampaních nazván „celosvětovým evangelistou." ‚Kampaň v New Yorku 2006', která se konala v Madison Square Garden, nejznámější hale na světě, se vysílala 220 národům a na ‚Sjednocené kampani v Izraeli 2009' pořádané v ICC (International Convention Center) v Jeruzalémě prohlašoval, že Ježíš Kristus je Mesiáš a Spasitel. Jeho kázání se vysílají přes satelit včetně GCN TV 176 národům a v žebříčku se podle populárního ruského křesťanského časopisu *In Victory* a nové zpravodajské agentury *Christian Telegraph* za svou mocnou službu v oblasti TV vysílání a za svou zahraniční církevní pastorační službu umístil jako jeden z 10 nejvlivnějších křesťanských vůdců roku 2009 a 2010.

K Dubna 2019 je církev Manmin Central Church kongregací s více než 130 000 členy. Má rovněž 11 000 poboček po celé zeměkouli včetně 56 domácích poboček a doposud vyslala více než 98 misionářů do 26 zemí včetně Spojených států, Ruska, Německa, Kanady, Japonska, Číny, Francie, Indie, Keni a mnoha dalších.

Ke dni vydání této knihy napsal Dr. Lee 112 knih včetně bestselerů *Ochutnání Věčného Života před Smrtí (Tasting Eternal Life before Death), Můj Život, Má Víra I & II (My Life My Faith I & II), Poselství Kříže (The Message of the Cross), Měřítko Víry (The Measure of Faith), Nebe I & II (Heaven I & II), Peklo (Hell)* a *Boží Moc (The Power of God)*. Jeho díla byla přeložena do více než 76 jazyků.

Jeho křesťanské sloupky se objevují v *The Hankook Ilbo, The JoongAng Daily, The Dong-A Ilbo, The Seoul Shinmun, The Hankyoreh Sinmun, The Korea Economic Daily, The Shisa News,* a v *The Christian Press*.

Dr. Lee je v současné době vedoucím mnoha misionářských organizací a asociací včetně: předseda The United Holiness Church of Jesus Christ; stálý prezident The World Christianity Revival Mission Association; zakladatel & předseda výboru Global Christian Network (GCN); zakladatel & předseda výboru World Christian Doctors Network (WCDN); a zakladatel & předseda výboru Manmin International Seminary (MIS).

Další mocné knihy od stejného autora

Nebe I & II

Podrobný náčrt úžasného životního prostředí, z kterého se budou těšit nebeští občané a krásný popis různých úrovní nebeských království.

Poselství Kříže

Mocné poselství vyzývající k probuzení všechny lidi, kteří duchovně spí! V této knize najdete skutečnou Boží lásku a důvod, proč je Ježíš jediným Spasitelem.

Peklo

Vážné poselství celému lidstvu od Boha, který si přeje, aby ani jedna duše nepropadla do hloubek pekla! Objevíte nikdy předtím nezjevený popis kruté reality dolního podsvětí a pekla.

Duch, Duše a Tělo I & II

Průvodce, který nám umožní duchovní porozumění duchu, duši a tělu a pomůže nám objevit, jaký druh ‚já' jsme si vytvořili, abychom pak mohli získat moc porazit temnotu a stát se člověkem ducha.

Měřítko Víry

Jaký nebeský příbytek, koruna a odměna jsou pro vás připraveny v nebi? Tato kniha vám poskytne moudrost a vedení, abyste dokázali změřit svou víru, co nejlépe ji tříbit a dozrát v ní.

Probuď se, Izraeli!

Proč Bůh od počátku tohoto světa až do dnešního dne upírá své oči právě na Izrael? Jakou prozíravost v posledních dnech připravil pro Izrael, který stále očekává Mesiáše?

Můj Život, Má Víra I & II

Nejvoňavější duchovní vůně vytažená z života, který vykvetl z nepřekonatelné Boží lásky uprostřed temných vln, chladného jha a nejhlubšího zoufalství.

Boží Moc

Četba, která slouží jako nepostradatelný průvodce, díky němuž můžete získat opravdovou víru a zažít úžasnou Boží moc.

www.urimbooks.com

www.ingramcontent.com/pod-product-compliance
Lightning Source LLC
LaVergne TN
LVHW041809060526
838201LV00046B/1190